Mort ou Vif

VIVA VILLA !

Du même auteur, chez
d'autres éditeurs

Romans

Chili con carne, Scandéditions
Ticket chic, A.-M. Métailié
La confiance règne, Série Noire-Gallimard
Balles de charité, Série Noire-Gallimard
Riot Gun, Série Noire-Gallimard
N'oubliez pas l'artiste, Folio-Gallimard
Le Miroir de l'Inca, Folio-Gallimard
Coup de cafard, Fleuve Noir
Du sang sur la glasnost, Le Masque
Votre argent m'intéresse, Le Masque
Les Huit Dragons de jade, Philippe Picquier
Festin de crabes, Liana Lévi
KZ, Carrère (épuisé)
Fenêtre sur route, L'Instant (épuisé)

Enquêtes

Prisons, dossiers brûlants, Le Carrousel
Prisons, la marmite infernale, Syros
Dossier viande, du trafic au meurtre, Messidor
Danger chimie, Fayard
La Médecine, malade de l'argent, L'Atelier

Pour les jeunes

Le fils Capet se fait la malle, coll. « Souris noire plus », Syros
Paquet choc, coll. « Souris noire plus », Syros
Le Squelette de la mairie, coll. « Souris noire plus », Syros
Le Trésor de Tupac Amaru, coll. « Souris noire plus », Syros

GÉRARD DELTEIL

VIVA VILLA !

ÉDITIONS DAGORNO
7/9 Passage Dagorno, XXᵉ

COLLECTION

Mort ou Vif

dirigée par Hervé Delouche

« Que les individus se soient élevés très au-dessus de leur race, cela ne fait guère de doute. Mais lorsque nous remontons le cours de l'histoire pour rechercher les traces de leur existence, nous devrions négliger toutes les biographies "des bons et des grands" et en revanche scruter minutieusement les minces rapports concernant les misérables morts en prison, à l'asile d'aliénés ou sur le gibet. »

Edgar Allan POE

Pour de bonnes ou de mauvaises raisons, certains individus sont un beau jour désignés à la vindicte. On veut les faire taire. On les cherche, morts ou vifs. Ces destins de rebelles ou de hors-la-loi sont célèbres ou occultés. Les plus connus ont peuplé nos rêves d'enfants. D'autres, plus oubliés, méritent d'être exhumés des archives, qu'elles soient ou non « classées ». La vie de ces hommes et de ces femmes, véritable révélateur d'une société, mêle le romanesque et l'histoire, la légende et la vérité. La collection « Mort ou vif » s'attachera à faire revivre ces deux aspects.

Déjà parus

Cartouche, Prince des voleurs, de Robert Deleuse.
Les Mémoires de Butch Cassidy, de Roger Martin.

Au programme 1994

Landru, le distingué amateur, de Pierre Drachline.
Cochise, l'ennemi chiricahua, de Patrick Mosconi.
Georges Guingoin, le Tito du Limousin, de Thierry Jonquet.

ISBN : 2-910019-12-8

Aux insurgés du Chiapas,
Aux Nahuas de l'Alto Balsas,
Aux damnificados de Guadalajara,
Aux ouvriers de Puebla.

Vole, vole, petite colombe
Vole, vole, si tu sais voler
Et va dire à ma mère
Qu'ils vont me fusiller

(Corrido *anonyme)*

AVANT-PROPOS

LA REVANCHE DE PORFIRIO DÍAZ

Cet ouvrage était déjà écrit lorsque, le 1er janvier 1994, éclatait au Mexique l'insurrection de l'Armée zapatiste de libération nationale (*Ejercito Zapatista de Liberation Nacional*). Sans coup férir, des centaines de guérilleros, pour la plupart très jeunes et d'origine indienne, occupaient cinq villes de l'État mexicain du Chiapas, dont San Cristobal de las Casas. De terribles combats s'engageaient, avec leur cortège d'horreurs : bombardements de villages, exécutions sommaires, tortures. Dans leurs déclarations remises à la presse et publiées dans le monde entier, les chefs de l'EZLN dénonçaient la misère et l'injustice effroyables qui frappent la population de cet État et se revendiquaient de deux personnages légendaires : Emiliano Zapata et Pancho Villa.

Cette insurrection prenait de court tous ces commentateurs dits « avisés » qui ne cessaient, depuis des années, de vanter les succès de la politique économique néo-libérale du président Salinas de Gortari. Certains parlaient même de « miracle économique », de la même façon d'ailleurs qu'ils évoquaient le « miracle chilien » ou le « miracle brésilien » et les miracles de tous ces pays où les statistiques ronflantes ne dissimulent l'appauvrissement de la majeure partie de la population qu'aux yeux de ceux qui ne veulent rien voir. Mais il est vrai que le président Salinas a la réputation de traiter royalement les correspondants des grands médias, et ceci peut contribuer à expliquer cela...

Symboliquement, cette guerre civile se déclenchait le jour même de l'entrée en vigueur du traité de libre échange nord-américain, ternissant d'un seul coup l'image que les dirigeants de l'État mexicain avaient réussi à vendre. La référence à Zapata et Villa ne surprit pas moins les observateurs. Pour l'expliquer, beaucoup insistèrent sur les particularités du Chiapas, État adossé au Guatemala, où d'autres guérillas indiennes résistent depuis trente ans. On put même lire dans un grand magazine que cet État était une sorte de « jurassic park de l'empire maya* ». Cette arriération expliquerait une insurrection indienne d'un autre âge, une révolte de tribus marginales dans un État moderne. C'est un peu court, ne serait-ce que parce que les Indiens ne sont pas du tout marginaux au Mexique. On en recense officiellement dix millions et l'immense majorité des classes populaires est composée d'Indiens et de métis — il suffit de prendre le métro de Mexico aux heures de sortie du travail pour s'en convaincre !

Les Indiens du Chiapas sont loin d'être les seuls à souffrir de la crise économique et d'une politique qui remet en cause les acquis des paysans et des

---

* *Le Point.*

ouvriers mexicains, indiens ou non. Leurs frères tarahumaras du Chihuahua ou nahuas du Guerrero ne connaissent pas des conditions de vie bien meilleures et on ne leur accorde pas davantage de considération. « Le gouvernement fait sa publicité avec les Indiens morts, les Aztèques et les Mayas, mais il traite les Indiens vivants comme des chiens », disent volontiers les Nahuas. Il a ainsi fallu que le conseil nahua de la région de l'Alto Balsas menace de prendre les armes pour que le gouvernement renonce à la construction d'un barrage qui aurait abouti à chasser de leurs terres près de quarante mille paysans pour les parquer dans de petites cases de béton, dans une région desséchée...

Quant aux ouvriers mexicains, qui avaient dans une certaine mesure bénéficié des retombées du boom pétrolier des années soixante-dix, ils ont connu au cours de ces dernières années une chute brutale de leur niveau de vie. Ils savent que le marché commun nord-américain, s'il facilitera peut-être le développement de certains secteurs, va surtout ruiner nombre d'entreprises et favoriser la montée du chômage. Même les employés de la PEMEX, la riche compagnie nationale des pétroles qui procure quatre-vingt-dix pour cent de ses devises au Mexique et dont le personnel a toujours fait, à ce titre, l'objet d'attentions particulières, sont menacés par des licenciements et la précarisation de leur emploi consécutive aux projets de privatisation. Malgré des chefs syndicaux corrompus, employant des méthodes de gangsters, et une répression patronale souvent féroce, les travailleurs mexicains ont mené ces dernières années de durs combats, telle la puissante grève de Puebla, en été 1992, contre la remise en cause de leur convention collective, qui a duré plusieurs mois et contraint au recul la direction des usines Volkswagen. Ces luttes n'ont sans doute eu que peu de retentissement en Europe mais elles ont contribué à déstabiliser un régime dont l'idéologie officielle fait toujours référence aux grandes figures révolutionnaires.

Plus grave, dans un pays où la moitié de la population vit encore à la campagne, le gouvernement mexicain, en vue de rentabiliser l'agriculture et de constituer de grandes exploitations, a décidé de s'attaquer à l'*ejido*, ce lopin de terre inaliénable, fondement de la réforme agraire arrachée à l'issue d'une guerre civile qui fit plus d'un million de morts. Il a pris ainsi le risque de remettre en cause le fragile équilibre qui règne au Mexique depuis une cinquantaine d'années, car la supression de l'*ejido*, ce serait la revanche des héritiers de Porfirio Díaz et de « Huerta la hyène » sur ceux de Zapata. Rien d'étonnant donc à ce que les paysans mexicains brandissent des portraits de Zapata et Villa, symboles de ces acquis chèrement payés par leurs aïeux. Après tout, la révolution mexicaine n'est pas si ancienne. Les insurgés de la Commune de Paris de 1871 se réclamaient bien de la Révolution française de 1789. Calculez, l'écart est exactement le même : quatre-vingts ans. La révolte du Chiapas n'éclate donc pas comme un orage dans un ciel serein. Déjà l'an dernier, des paysans de cette région avaient affronté la police et l'armée pour occuper les terres de grands propriétaires. Des militants avaient été assassinés, d'autres emprisonnés. L'occasion m'avait d'ailleurs été donnée d'assister, au cœur de Mexico, dans le quartier des banques et des buildings modernes, à une impressionnante manifestation de milliers de paysans venus du Chiapas pour exiger la libération de leurs dirigeants.

Il est difficile de savoir quelle sera l'issue de la révolte armée du Chiapas. Un des drames de la révolution mexicaine de 1910-1920 fut que le président Carranza, habile représentant des grands propriétaires et des classes privilégiées, réussit, au prix de quelques réformes, non seulement à gagner l'appui des syndicats ouvriers mais à enrégimenter une partie des travailleurs urbains pour les envoyer combattre leurs frères des campagnes. Les dirigeants du régime semi-dictatorial à parti unique qui s'est maintenu au Mexique depuis la fin de la Seconde Guerre mondiale ont retenu la leçon. Ils ont réussi à conserver le pouvoir et à venir à bout des révoltes paysannes, ouvrières et étudiantes, en utilisant assez adroitement à la fois la corruption, une phraséologie tiers-mondiste et révolutionnaire, les truquages électoraux et la répression parfois sanglante, telle la boucherie de la place des Trois-Cultures en 1968, où des centaines de manifestants étudiants trouvèrent la mort. Espérons donc que le pouvoir ne réussira pas à isoler et massacrer les insurgés du Chiapas.

Les guérilleros indiens descendus des montagnes pour occuper San Cristobal de las Casas ne sont pas des marginaux. Leur combat est celui de tous les opprimés du Mexique et d'Amérique latine. Il préfigure peut-être les affrontements de plus grande ampleur que risque de connaître ce pays si se poursuit l'agression engagée contre les plus défavorisés, pour leur reprendre le peu que la révolution de Zapata et Villa leur a légué. Je leur dédie donc ce livre qui, sous la forme d'un « western révolutionnaire », contribuera peut-être à faire connaître l'un des personnages légendaires dont ils se réclament : Pancho Villa. Celui qu'on nommait le « Centaure du Nord », la « Terreur de Chihahua », avec sa générosité, son instinct de *peón* révolté, son mélange de ruse et de naïveté, son extraordinaire courage, son prodigieux talent guerrier, mais aussi avec sa cruauté et son absence de projet et de vision politiques, incarne bien les forces et les faiblesses du puissant soulèvement paysan qui embrasa le Mexique pendant dix ans. Viva Villa !

Gérard Delteil
février 1994

I
« JE TE TUERAI ! »

Les *peones* avancent silencieusement, les mains liées dans le dos. Ils marchent tête nue sous le soleil accablant et s'écorchent les pieds sur le sol caillouteux. Ils portent leurs vêtements habituels de travail, de misérables hardes rapiécées. Des cavaliers coiffés de larges chapeaux noirs, le torse ceint de cartouchières, le fusil au poing, encadrent la file. Autour du cortège caracole le chef des *rurales*[1], un homme vêtu de noir qui fait tournoyer un fouet au-dessus de sa tête. Parfois le fouet claque dans le vide, parfois il s'abat sur les épaules d'un malheureux. Les prisonniers et leurs gardes parviennent sur un vaste terrain bien dégagé où une petite foule les attend. D'autres *peones* sont là, avec leurs femmes et leurs enfants, libres de leurs mouvements mais surveillés par une rangée de *rurales*. Lorsqu'une vieille reconnaît un visage et esquisse un geste en direction de l'homme entravé, un *rurale* la repousse brutalement. Une mère veut cacher son enfant dans ses jupes, pour lui épargner le terrible spectacle.

— Les *niños* ne doivent pas voir ça, murmure-t-elle.

---

1. *Les notes numérotées se trouvent en fin de volume.*

— C'est une excellente leçon ! ricane un *rurale* en crachant sur le sol.

D'autres *peones* portant des pelles sur l'épaule apparaissent alors. Le chef du détachement de gardes ruraux leur donne l'ordre de creuser. Et ils creusent. Lorsque les trous sont assez profonds, les *rurales* contraignent les hommes attachés à s'y enterrer jusqu'au cou, tandis que leurs compagnons les recouvrent de terre, jusqu'à ce que seules leurs têtes dépassent du sol. Puis on tasse la terre avec les pelles et les pieds, de façon à rendre impossible tout mouvement pour se libérer. Alors commence un jeu sinistre que les villageois rassemblés pour assister à l'exécution ne connaissent que trop bien. Les cavaliers éperonnent leurs montures en poussant des cris et se lancent au galop entre les rangées de têtes aux yeux exorbités. Cette cavalcade soulève un nuage de poussière qui dissimule un instant les condamnés, puis la poussière retombe et laisse apparaître un visage ensanglanté : cette première charge n'a fait qu'une victime, les sabots des chevaux ont épargné ses compagnons. Le jeu va se poursuivre jusqu'à ce que le dernier crâne ait été fracassé. Il peut durer des heures car les cavaliers s'appliquent à éviter les têtes, prennent plaisir à les frôler, à faire bondir leur monture au dernier instant pour retarder la fin du supplice.

Les villageois terrifiés doivent assister à l'agonie de leurs compagnons de travail, de leurs fils, de leurs frères. Ils savent que celui qui oserait lever la main sur un *rurale* irait rejoindre les victimes. Quelques-uns murmurent des prières, d'autres sanglotent, une femme se roule sur le sol.

— Que ça vous serve de leçon, bande de charognes ! hurle le chef des *rurales*. S'il y en a parmi vous qui ont envie de se révolter contre don Padrón, ou de voler leur maître, ils savent ce qui les attend !

Le supplice terminé, la foule reprend le chemin du village, brisée, la tête basse, sans prononcer un mot. Nul n'aurait l'audace de croiser le regard du bourreau qui continue à parader sur son cheval en poussant de petits cris. Enivré par la tuerie et l'alcool, il adresse des remarques grivoises aux femmes, crache en direction des morts.

Un gamin roux s'échappe pourtant du cortège pour venir se placer face au cavalier noir. Il le fixe du regard.

— Qu'est-ce que tu veux, *chico* ?

— Te tuer !

Et il tente de se jeter sur lui en l'empoignant par la jambe pour le désarçonner. Un instant surpris par cette attaque, le *rurale* la repousse d'un coup de botte, projetant le gosse sur le sol. Meurtri par le choc, l'enfant se relève douloureusement mais continue à défier l'homme du regard. Celui-ci hésite un instant, fait mine de brandir son fouet, puis éclate de rire, éperonne son cheval et fonce au galop rejoindre son détachement.

— Je le tuerai, répète Doroteo Arango.

II
RÈGLEMENT DE COMPTE DANS LE DURANGO

Martina n'a que treize ans, mais elle est déjà une femme. En 1895, dans les villages du Durango, les filles mûrissent vite. Elle a de grands yeux noirs rieurs, une bouche sensuelle. Ses boucles brunes s'échappent de son fichu, sa stricte robe noire laisse deviner ses formes et elle le sait. Quand elle vient apporter la nourriture et la boisson aux hommes qui cultivent la terre de son maître, don López Negrete, tous se redressent un instant pour la contempler et des lueurs de convoitise passent dans les regards. À son passage, le contremaître qui surveille les *peones*, le revolver à la ceinture, donne de petits coups de cravache dans le creux de sa main en murmurant des obscénités. Martina détourne la tête.

L'hacienda des López Negrete est immense. Des centaines de *peones* y vivent avec leurs familles. Ils naissent, triment et meurent sur les terres du maître, que leurs enfants cultiveront à leur tour sans aucun espoir d'échapper à cette existence de labeur monotone. Tous ceux qui tenteraient de fuir seraient impitoyablement pourchassés et châtiés par les *rurales*. Pour avoir le droit de quitter le domaine, il leur faudrait régler les dettes qui les lient au propriétaire. Or ces dettes ne font que croître car la seule façon de se procurer les aliments et objets indispensables à la vie quotidienne est de les acheter à la *tienda* de l'hacienda, dont les prix augmentent plus vite que les maigres salaires. Les jeunes hommes n'ont que deux façons de changer leur sort : endosser l'uniforme de soldat ou de *rurale*, c'est-à-dire accepter de devenir le bourreau de leurs frères, ou prendre le fusil et aller rejoindre les bandits qui se cachent dans la montagne. Les femmes n'ont même pas cette possibilité car ni l'armée ni les bandes de hors-la-loi ne les acceptent.

Tous les *peones* savent cela et la plupart se résignent à subir le joug des Negrete, qui ne sont ni pires ni meilleurs que les autres *terratenientes*[2] du Durango. Martina appartient à l'une de ces familles de paysans sans terre. À la mort de son père, sa mère n'a eu d'autre choix que de venir vivre avec ses trois garçons et ses deux filles sur le domaine de don López. Des trois frères de Martina, Doroteo est le plus fier. Ce grand gaillard de dix-sept ans à la tignasse frisée parcourue de reflets roux voue à sa petite Martinita une affection teintée de jalousie, il entend la protéger de la brutalité des hommes. Il la couve, la surveille. Martina a pourtant un ami : Pablo, un garçon de dix-huit ans, sérieux et travailleur. Pablo est entré dans les bonnes grâces de Doroteo qui l'a invité chez sa mère pour voir à qui il a affaire. Le grand frère a fait savoir à ce prétendant qu'il ne devait rien espérer de Martina avant d'être passé devant le curé. Les deux jeunes gens se rencontrent en cachette, à l'insu du frère.

L'attachement jaloux de Doroteo a déjà provoqué divers incidents, telle une bagarre avec un certain Benítez qui regardait la petite sœur d'un peu trop près. Le sang a coulé et Doroteo n'a échappé à la prison que grâce à l'intervention de l'ancien patron de son père. Quelques années plus tôt, il a aussi tenté de s'enfuir du domaine. Les *rurales* l'ont rattrapé et remis au contremaître qui l'a enchaîné et fouetté en public. Doroteo est aujourd'hui un garçon redouté pour son caractère belliqueux et arrogant. Les *peones* le respectent et même le contremaître s'en méfie désormais : s'il déshabille Martina du regard chaque fois qu'il la croise, il se garde d'aller plus loin. Doroteo a juré de tuer le premier qui porterait la main sur sa sœur.

Depuis quelques jours un élégant jeune homme a fait son apparition dans l'hacienda. Il est toujours vêtu d'un costume blanc bien coupé, d'un grand sombrero de la même couleur, de bottes étincelantes et monte un superbe cheval gris. C'est dans cette tenue qu'il arpente chaque après-midi les terres du domaine. Certains l'ignorent, d'autres le saluent, chapeau bas; le contremaître s'adresse à lui avec obséquiosité car ce garçon est Agustín López, le fils du maître. Agustín ne connaît rien des mœurs des *peones* ni des usages de l'hacienda et de la réputation de Doroteo : il vient d'arriver de Chihuahua, où son père l'avait placé chez les jésuites. Il se croit pourtant tout permis, n'est-il pas l'héritier du propriétaire de l'hacienda ?

Agustín a remarqué Martina. Le premier jour, il lui sourit en soulevant légèrement son chapeau. Le lendemain, il lui adresse quelques mots aimables sans descendre de son cheval. Le troisième jour, il met pied à terre et l'aide à soulever ses paniers et l'outre pleine d'eau qu'elle porte aux *peones*. Agustín est un personnage aussi séduisant qu'important, et cette cour ne laisse pas la jeune fille indifférente, elle la flatte en même temps qu'elle l'amuse. Martina n'en dit rien ni à ses frères et sœurs ni à son fiancé Pablo.

Doroteo, torse nu, coupe du bois quand arrive un jeune *peón* essoufflé.

— Ta sœur est avec le fils López.

Doroteo devient cramoisi, il saisit le garçon par le col.

— Qu'est-ce que tu oses raconter ? Ma sœur avec le fils du patron ?

— C'est la vérité, Doroteo. Ils sont dans la grange. Je suis entré par hasard. Il lui avait relevé ses jupes...

Fou de rage, Doroteo lâche le jeune *peón* et court jusqu'à la maison de sa mère où il s'empare d'un revolver accroché au mur, un vieux Colt 45 qui a appartenu à son père.

— Où vas-tu ? Que veux-tu faire avec cette arme ?

— Je vais tuer Agustín !

Quand il parvient à la grange, il trouve sa sœur en larmes. Agustín López a disparu.

— Je vais retrouver ce chien, hurle Doroteo sans écouter les supplications de Martina.

Agustín López, en gilet et manches de chemise, est dans sa chambre. Devant une glace encadrée d'acajou marqueté, il examine son reflet avec une certaine satisfaction quand un grincement le fait se retourner. Un jeune *peón* ébouriffé au visage rouge de fureur, armé d'un gros revolver, est en train d'enjamber la fenêtre.

— Je te retrouve enfin, *hijo de puta* !

Agustín le prend de haut.

— Si tu as une requête à formuler, mon ami, commence par frapper à ma porte, comme il convient quand un serviteur de don López Negrete s'adresse au fils de son maître ! Sinon, tu risques...

Agustín n'a pas le temps de préciser ses menaces, Doroteo, brandissant toujours son arme, le bouscule, le frappe au visage de son poing libre. L'autre recule, décontenancé.

— Ordure ! Non content de t'empiffrer grâce à notre travail, il faut aussi que tu violes nos femmes !

— Je n'ai pas violé Martina. Demande-le-lui. Elle m'a suivi de son plein gré, je crois même que ça lui a plu.

— Salaud, tu avoues !

Doroteo décharge son revolver presqu'à bout portant. Trois balles manquent pourtant leur cible, les deux premières fracassent la glace, la troisième arrache le montant d'un secrétaire, mais les autres frappent l'héritier des Negrete. Agustín porte un regard surpris sur la tache sombre qui s'agrandit au milieu de son beau gilet de flanelle blanche, puis sa bouche s'ouvre tout grand sans qu'un cri en sorte et il s'effondre sur le parquet bien ciré. Les domestiques le trouveront ainsi, recroquevillé dans une mare de sang.

Doroteo passe le revolver dans sa ceinture et repart d'un bon pas, mais sans courir, en direction de sa maison où sa mère l'attend.

— Mon fils, qu'as-tu fait ?

— J'ai lavé l'affront. Le fils du patron est mort. Cette canaille l'avait mérité.

La mère éclate en sanglots, ses pleurs se mêlent à ceux de Martina, prostrée dans un coin de la pièce. Sourd aux lamentations des deux femmes, Doroteo recharge calmement son arme et bourre ses poches de cartouches.

— Cesse de pleurer, c'est inutile. Donne-moi plutôt une couverture et de la nourriture, je pars dans la montagne. Préviens mes frères, j'essaierai de leur donner de mes nouvelles.

Sa mère le serre dans ses bras, le couvre de larmes.

— Mon fils, les *rurales* vont me le tuer !

— Les *rurales* ne m'auront pas ! S'ils me cherchent, c'est moi qui les tuerai ! Je préfère affronter les dangers de la sierra que la justice des riches ! Je n'ai pas de comptes à rendre à leurs juges, je n'ai de comptes à rendre qu'à Dieu ! Prie-le pour moi.

— N'offense pas Dieu ! Dieu n'accepte pas que les hommes se fassent justice eux-mêmes. Une mauvaise action ne peut pas répondre à une mauvaise action.

— Je suis sûr que Dieu m'absout, car, dans sa grande bonté, il ne peut pas approuver les hommes qui réduisent leurs semblables en esclavage. Assez parlé, je dois partir.

Doroteo s'arrache à l'étreinte de sa mère, prend la couverture et le sac que lui tend sa sœur et s'élance. La nuit recouvre maintenant l'hacienda. Dans la demi-obscurité, il distingue une silhouette et porte la main à son arme.

— Ne crains rien, Doroteo, c'est moi, Pablo ! Regarde : je t'ai amené un cheval, c'est un des plus beaux de don López ! S'ils te prennent, ne dis pas que je t'ai aidé.

— Ne crains rien.

Un sourire passe sur le visage de Doroteo. Le garçon flatte l'encolure de l'animal d'un geste connaisseur puis saute en selle — c'est déjà un excellent cavalier.

— Prends soin de Martina ! lance-t-il à Pablo. L'affront a été effacé par la mort de ce fils de chien. C'est comme s'il n'avait jamais eu lieu.

— J'ai déjà pardonné à Martina. Ne perds pas de temps, le maître a envoyé le régisseur avertir les *rurales* ! Que Dieu te garde !

Doroteo éperonne son cheval et s'enfonce au galop dans la nuit.

III

LES PESOS DE DON JULIO

À travers les vitres de son salon, don Julio Fernández contemple les trombes d'eau qui ruissellent sur l'auvent de son élégante demeure de deux étages. De petites mares se sont formées sur sa pelouse et de terribles rafales plient les arbres de son parc. Une véritable tornade frappe la sierra depuis plusieurs heures. Il ne fait pas bon rôder dehors par un temps pareil ! Don Julio se réjouit d'être à l'abri dans cette maison capable de résister à la tempête ; il y a mis le prix. C'est un homme riche qui dirige le travail de deux cents ouvriers dans une mine d'argent, dont il est un des principaux actionnaires.

Soudain, dans le vacarme de l'orage, il lui semble distinguer un cri. Un appel. Des coups sourds sont frappés contre la porte principale. Don Julio se penche et aperçoit deux cavaliers et un troisième homme qui tient son cheval par la bride. Pour se protéger de la pluie, ils n'ont que leurs chapeaux et de méchantes couvertures. Ils doivent être trempés jusqu'aux os. Recevoir trois inconnus, à une heure avancée de la nuit, ne plaît guère à don Julio, mais ne risquent-ils pas de forcer la porte s'il leur refuse l'hospitalité ?

— Ce n'est pas prudent de les faire entrer, observe le domestique.

— Ce serait encore plus imprudent de les laisser dehors, réplique don Julio.

Il quitte sa robe de chambre, enfile sa veste et descend lui-même ouvrir aux inconnus. Le domestique se tient derrière lui, pour l'éclairer. La lampe à pétrole projette des ombres inquiétantes sur les visages des visiteurs. Trois faciès rudes, marqués par les privations et couverts d'une barbe hirsute, trois regards de loups affamés.

— Par la grâce de Dieu, *señor*, accordez-nous un abri, ne serait-ce qu'un coin de votre cave !

Don Julio se force à sourire.

— Entrez mes amis ! Vous allez vous sécher et vous réchauffer. Allume un feu et sert des remontants à ces *caballeros*, commande-t-il au domestique qui, lui, a beaucoup de peine à dissimuler son inquiétude.

Le maître des lieux observe discrètement les trois hommes, tandis qu'ils prennent place devant l'âtre autour d'une grande table de bois sombre. Ce ne peut être que des bandits. Ils en ont bien la tête. Et qui d'autre peut traîner dans la montagne à une heure pareille ? Celui qui semble être le chef est un grand moustachu à la tignasse frisée. C'est aussi le plus jeune du trio. Don Julio lit dans son regard pétillant de malice une expression qui le conduit à penser qu'il est préférable de ne pas mécontenter un tel individu.

Le serviteur apporte une bouteille de cognac français, mais seuls deux hommes en acceptent, le plus grand secoue la tête.

— Merci, je ne bois pas d'alcool.

En revanche, il fait honneur au plantureux dîner que leur offre don Julio. Pendant le repas, on parle de choses et d'autres, le patron de la mine évite de poser des questions trop précises qui pourraient embarrasser ses hôtes. À l'issue de ces agapes, on passe au salon où le domestique sert du café, puis encore du cognac. Enfin don Julio propose des cigares, de vrais havanes, mais le moustachu ne fume pas non plus. Maintenant secs et repus, les trois visiteurs se poussent du coude en jetant des regards significatifs sur les tableaux, les meubles et les tapis luxueux. Comment se débarrasser de ces individus encombrants avant qu'ils ne décident de piller la maison ?

Don Julio tire une bouffée de son cigare en dévisageant Doroteo Arango.

— Quelques instants avant votre arrivée, j'ai remis cent cinquante mille pesos à un homme qui voyage sur une mule. Il se dirigeait vers la station de chemin de fer. À l'heure qu'il est, par ce temps, il ne doit pas être très loin.

Doroteo sourit sans répondre. Son voisin rapproche alors son fauteuil du sien, lui donne un coup de coude et se penche pour lui parler à l'oreille.

— Pourquoi ne pas se servir ?

Doroteo se lève, d'un mouvement brusque.

— Mes amis, il me semble que la tempête s'est calmée. Le moment est venu de remercier notre hôte et de reprendre notre chemin.

Don Julio échange un regard avec son domestique. C'est trop beau pour être vrai. Mais si, les trois hommes s'apprêtent à quitter la maison ! Pour faire bonne mesure, on leur offre des couvertures neuves et on remplit leurs gourdes d'alcool.

— Il y avait sûrement beaucoup d'argent dans cette maison, déplore un peu plus tard un des trois bandits qui chevauchent côte à côte.

— Ça ne se fait pas de voler un homme qui nous a reçus de cette façon, réplique Doroteo.

— Et alors ? s'étonne le troisième, c'est un riche comme les autres. Je croyais que tu détestais les riches.

— C'est possible, mais ça ne se fait pas. Mes amis, je pense que nous allons nous diriger vers la station de chemin de fer...

Les trois hommes éclatent de rire et s'élancent au galop sous la fine pluie qui a succédé à la tempête. Un peu plus loin, au bord du chemin, ils aperçoivent la mule attachée à un arbre sous lequel le convoyeur a trouvé refuge. Doroteo fait signe à ses compagnons de ne pas faire de bruit. Il saute à terre et s'approche à pas feutrés du voyageur qui dort, son chapeau rabattu sur ses yeux. Du canon de son revolver, le bandit soulève le chapeau. L'homme sursaute.

— Pitié, *señores bandidos*, épargnez-moi, je vous donnerai tout ce que j'ai !

— C'est bien ce que j'espère, ricane Doroteo.

— Cet argent ne m'appartient pas, je ne fais que le transporter pour le compte de don Julio Fernández.

— Ainsi tu n'auras pas à le regretter. C'est d'ailleurs ton patron qui nous a envoyés.

— Vraiment ? C'est don Julio qui vous a renseignés ?

— De quelle autre façon aurions-nous pu apprendre que tu transportais cet argent ?

— Ces riches vous trahissent dès que vous avez le dos tourné ! maugrée l'homme.

— Je ne te le fais pas dire. Veux-tu te joindre à nous ?

— Pour finir au bout d'une corde ? Merci, j'ai une femme et des enfants.

— Alors va au diable ! crie Doroteo en piquant son cheval.

Le partage du butin se fait le lendemain, à l'ombre d'un arbre. Un soleil printanier a succédé aux trombes d'eau. Les trois bandits sont d'excellente humeur, pourtant les deux compagnons de Doroteo ne quittent pas des yeux les billets que leur chef est en train de compter.

— Pourquoi ne pas avoir tué cette larve ? Il va nous dénoncer.

Sans répondre, Doroteo leur tend leurs parts : cinquante mille pesos chacun. Ils ont compté en même temps que lui et savent qu'il n'a pas essayé de tricher. Ce sont des hommes qu'il a rencontrés par hasard, en compagnie d'un troisième, dans la montagne, quelques semaines plus tôt, alors qu'il cherchait un abri pour la nuit. Les trois bandits se serraient autour d'un feu.

— Il y a de la place pour moi ? avait demandé Doroteo.

— Il n'y a aucune place ici pour les gamins comme toi, avait rétorqué le troisième homme. Ta place est dans les jupes de ta mère.

— Et qui a décidé qu'il n'y a pas de place pour moi ?

— Moi, car c'est moi le chef !

Doroteo avait sorti son arme de dessous sa couverture et tiré avant que l'autre ait eu le temps de dégainer.

— Maintenant, c'est moi le chef, avait-il conclu tandis que son adversaire s'enfuyait sur son cheval en étreignant son bras ensanglanté.

Les deux autres n'avaient pas contesté cette prise de pouvoir. Les choses se passaient fréquemment de cette façon parmi les bandes qui écumaient l'État de Chihuahua...

Les yeux des deux hommes brillent quand ils empochent leurs parts, jamais ils n'ont eu pareille somme en leur possession ; aucun *peón*, même en trimant comme un forcené, ne peut espérer économiser cinquante mille pesos, cela représente des années et des années de travail...

— Je sens que les petites femmes de Mexico vont recevoir ma visite, annonce l'un.

— Et les meilleurs hôtels la mienne, complète l'autre. Et toi, chef, tu viens avec nous faire la fête avec les *ricos* dans la capitale ?

Doroteo les observe avec mépris.

— Vous n'êtes que deux abrutis. Disparaissez de ma vue !

— Pourquoi te fâcher, *amigo*, nous avons réussi un coup magnifique, le plus beau peut-être de notre vie, et la vie est courte, il faut en profiter !

Doroteo brandit son arme et tire deux coups en l'air.

— Disparaissez, crétins, avant que je ne me décide à vous tuer comme des chiens que vous êtes !

Quelques jours plus tard, Hipólito Arango voit arriver un cavalier épuisé et tombe dans les bras de son frère.

— Doroteo, je croyais que les *rurales* t'avaient tué !

— Le jour où ces chacals auront ma peau n'est pas près d'arriver ! Prends-ça, tu partageras avec toute la famille...

Hipólito ouvre de grands yeux en contemplant les liasses de billets.

— Doroteo, ce n'est pas possible, tu as dévalisé une banque !

— Un convoyeur de fonds. Prends, ne discute pas. Je n'ai pas beaucoup de temps.

— Que dois-je dire à notre mère ?

— Que son fils Doroteo se porte à merveille et qu'il est beaucoup plus heureux dans la montagne qu'à travailler pour don López !

— Prends garde à toi, Doroteo, ils te recherchent et on commence à parler de toi un peu partout comme d'un redoutable bandit !

— Alors notre mère peut être fière de moi !

— Que comptes-tu faire ? Tu ne vas pas passer ta vie dans la montagne ?

Hipólito a à peine le temps de questionner son frère que celui-ci est déjà remonté sur son cheval.

IV
MORT OU VIF

Une foule en liesse a envahi les rues de la ville de Parral. En ce 10 avril 1910, comme chaque année à la même époque, on célèbre la fête de San Antonio sur la place principale de cette petite cité minière, dernier arrêt de la voie ferrée qui mène vers la Sierra Madre. Les *peones* et les mineurs vêtus de pantalons blancs et de ponchos, chaussés de sandales de cuir, côtoient les *rancheros* coiffés d'immenses sombreros ornés de pièces d'argent et quelques employés et bourgeois en costume portant le canotier. Les garçons se tiennent sur les bords de la place d'où ils observent le manège des filles qui passent et repassent en feignant d'ignorer leurs regards. Des vendeurs ambulants proposent des *tortillas*, des *empanadas*, des *bocadillas*, de la bière, de la tequila, de l'alcool d'agave, des mangues, des pastèques, des melons. Les cuivres et les violons de l'orchestre installé dans le kiosque à musique, au milieu de la place, sonnent joyeusement. Une partie de l'assistance reprend les refrains des chansons *rancheras*, des filles et garçons esquissent des pas de danse, claquent des mains, des enfants lancent des pétards.

Indifférents à cette agitation joyeuse, des policiers et des *rurales* armés jusqu'aux dents sillonnent la foule et scrutent les passants. De temps à autre, ils arrêtent un *peón* qui leur paraît suspect, le fouillent dans l'espoir de découvrir une arme, puis le laissent repartir. Ils sont sur les dents, car le bruit court que le fameux bandit PanchoVilla veut lui aussi être de la fête.

Le hors-la-loi a déjà ridiculisé les autorités à diverses reprises. Une première fois, il s'est offert le luxe d'ouvrir un bal, à Chihuahua, au bras d'une provocante *muchacha*. Puis il a participé à un rodéo dans un village proche de Jiménez, où il s'est affirmé comme le meilleur cavalier, sous les acclamations des *peones*. Si un officier de l'armée fédérale ne l'avait pas démasqué au dernier moment, le maire du village l'aurait sacré vainqueur du concours. Villa n'était venu que pour assister au spectacle, mais il n'a pas pu résister au désir de dompter un cheval qui venait de jeter son cavalier dans la poussière. Il a disparu comme il est venu, sans qu'on puisse savoir seulement de quel côté il est parti, après que ses complices l'eurent averti qu'on venait de l'identifier...

Depuis quelque temps, on signale un peu partout la présence de Pancho Villa. Il semble pourtant impossible qu'il puisse se trouver un jour dans une ville, le lendemain dans une autre, distante de la première de plusieurs centaines de kilomètres... Le dernier des *peones* de la région a maintenant entendu parler de Villa et se réjouit en secret de ses exploits, car il a la réputation de ne s'en prendre qu'aux riches et aux puissants que son seul nom suffit désormais à faire trembler.

C'est pourquoi, aujourd'hui, *rurales* et policiers, auxquels s'ajoutent quelques sbires déguisés en *peones* et en bourgeois, quadrillent la paisible fête de San Antonio. Pour parer à toute éventualité, on a même fait venir de la garnison la plus proche un détachement de soldats fédéraux qui se tiennent en réserve, à quelques rues de la place centrale.

Midi vient de sonner à l'horloge de l'église San Juan de Dios quand, malgré le brouhaha joyeux, on entend distinctement trois coups de feu. Policiers et *rurales* se précipitent dans la direction d'où, leur semble-t-il, viennent ces tirs qu'on ne peut confondre avec les pétards utilisés par les enfants. Impossible de se frayer un chemin dans une masse aussi dense ; les policiers sont rapidement engloutis, ballottés. Les badauds n'ont pas pour la plupart réalisé qu'un drame venait de se dérouler au centre de la place et continuent à déambuler joyeusement. Soudain apparaît un détachement monté de soldats fédéraux, sabre au clair. Cette fois, la foule s'écarte prudemment.

L'officier qui commande ce détachement est le colonel Adalberto Cruz Montoya, chef politique de l'État de Chihuahua. Il saute à terre et se penche sur un homme qui se tord de douleur sur le sol.

— Le juge Sánchez ! Qui a fait cela, don Alfredo ?

— Pancho Villa, répond le juge avant de perdre connaissance.

Le colonel Montoya remonte sur son cheval et hurle :

— Encerclez la place ! Ne laissez passer personne, je veux qu'on interroge tous ces gens un par un ! Exécution ! Et allez me chercher un médecin.

Les soldats fédéraux, les *rurales* et les policiers se déploient autour de la place, l'arme au poing. Un murmure parcourt la foule : Villa a abattu le juge Sánchez. La nouvelle fait venir des sourires sur les lèvres des *peones*. Nul ne versera de larmes sur le magistrat, réputé pour sa vénalité comme pour sa servilité envers les *terratenientes* et sa férocité à l'égard des paysans. Cela ne fait pas un mois qu'il a fait pendre trois *peones* accusés d'avoir volé leur patron, mais qui n'avaient en réalité fait que prendre sur le produit de leur propre travail de quoi nourrir leurs familles. Villa avait juré de les venger, c'est maintenant chose faite.

Pourtant, *peones* et mineurs se laissent bousculer et fouiller passivement, l'heure de la révolte n'est pas encore venue. Ces hommes soumis se contentent de s'enthousiasmer secrètement des exploits de Villa. Pendant un bref instant, les fédéraux croient même avoir pincé un des assassins du juge quand ils découvrent un énorme pistolet dans la ceinture d'un *peón* à la mine patibulaire. Mais ils doivent déchanter : le chef de la police se précipite pour délivrer son sbire qu'un officier s'apprête à cingler de sa cravache...

La fouille va durer jusqu'à la nuit mais elle ne donnera rien. Villa et ses amis ont déjà rejoint la sierra.

À l'aube du 11 avril, des groupes d'employés municipaux encadrés de policiers parcourent les rues de Parral, armés de seaux de colle et de rouleaux d'affiche. Ils s'arrêtent à chaque carrefour pour apposer un avis imprimé en lettres rouges et noires sur fond blanc.

10 000 pesos
à qui livrera à la justice
MORT OU VIF
le bandit, voleur et assassin
PANCHO VILLA

Le chef politique de l'État de Chihuahua,
colonel Adalberto Cruz Montoya

Tapi sous un porche, un jeune *peón* emmitouflé dans son poncho, observe un de ces groupes de colleurs d'affiches. Il attend qu'ils aient tourné le coin de la place, jette un œil par-dessus son épaule pour s'assurer que la rue est déserte, puis enlève précautionneusement du mur un de ces avis fraîchement collés. Il pénètre dans la cour d'une maison en tenant toujours son affiche par les coins, la laisse ainsi suspendue un moment au bout de ses bras, puis la roule soigneusement après s'être assuré que la colle est sèche.

Quelques instants plus tard, le garçon quitte Parral, monté sur un petit cheval gris. Des fédéraux, fatigués de la nuit qu'ils viennent de passer à fouiller les rues, jettent sur lui des regards désabusés. Pourtant un officier à cheval lui barre le passage.

— Où vas-tu ainsi, *chico* ?

— Arrêter Pancho Villa pour obtenir la prime de 10 000 pesos promise par votre colonel.

— Tu te crois assez malin pour attraper Villa, alors qu'il nous a échappé ? Tu n'es même pas armé !

— J'ai ma machette, répond le garçon en montrant le dangereux outil rangé dans son étui de cuir fixé à sa selle.

— Et que comptes-tu faire de 10 000 pesos ?

— Offrir une robe et une bague à ma fiancée, payer les frais de la noce et un gueuleton à mes amis.

— C'est une bonne idée, ricane un soldat, mais Villa va te couper les couilles et tu ne pourras pas baiser ta fiancée quand tu l'auras épousée !

Les soldats se tiennent les côtes et l'officier lui-même rit de bon cœur.

— Quand tu auras pris Villa, fais-moi signe, nous trinquerons ensemble.

Ils laissent le jeune *peón* poursuivre son chemin. Dès que les soldats sont hors de vue, le garçon éperonne son cheval et s'élance en direction de la sierra. Après avoir chevauché plusieurs heures à vive allure, il s'engage dans un sentier de montagne envahi de broussailles et coincé entre d'immenses blocs de pierre. Soldats, *rurales* et policiers s'aven-

turent rarement par ici. Il vient de mettre pied à terre dans un passage un peu plus large, pour laisser souffler son cheval, quand deux hommes surgissent devant lui. Il se retourne : deux autres se sont placés dans son dos sans qu'il les entende approcher.

Tous quatre sont armés d'énormes revolvers qu'ils ne jugent même pas nécessaire de sortir de leur étui face à un adversaire aussi peu dangereux.

— Vous tombez bien, je suis à la recherche de Pancho Villa.

— Que lui veux-tu ? demande un colosse mous-

tachu qui porte des cartouchières croisées sur son torse puissant.

— J'ai à lui parler.

— Eh bien, parle : c'est moi, Pancho Villa !

Le jeune *peón* prend dans le sac attaché à sa selle l'affiche qu'il a décollée d'un mur de Parral et la tend au hors-la-loi. Villa la déplie, fronce les sourcils, puis la donne à l'un de ses hommes.

— Lis-moi ce qu'ils ont écrit là-dessus, *compadre* Tomás !

L'homme s'exécute. Villa éclate de rire.

— Ma tête vaut chaque jour davantage ! Voici

quinze jours, le colonel Montoya en donnait cinq mille seulement. À mon avis, c'est encore trop peu : elle vaut beaucoup plus. Qu'en penses-tu, mon garçon ? Et pourquoi es-tu venu m'apporter cette affiche ?

— Je veux me joindre à vous !

— Et pourquoi donc ? demande Villa sur un ton doucereux.

— Mon frère était l'un des trois *peones* que le juge Sánchez a fait pendre.

— Sánchez grille maintenant en enfer, observe Tomás.

— Mais ma haine des *rurales* et des *terratenientes* est intacte !

— Très bien, tu peux nous suivre, mais il te faudra prouver que tu mérites de rester en notre compagnie.

— Je ferai tout ce vous m'ordonnerez !

Les cinq hommes se retrouvent bientôt dans une grotte où Villa a établi ses quartiers. Rien ne manque pour tenir un siège : vivres, munitions, couvertures, bois pour se chauffer, fourrage pour les chevaux. Le jeune *peón* s'émerveille en découvrant que l'homme qu'il a rejoint n'est pas seulement un héros d'une audace inouïe mais le chef d'une bande nombreuse et bien organisée.

Quinze ans ont passé en effet depuis le jour où le jeune Doroteo Arango a fui l'hacienda des López Negrete en laissant derrière lui le cadavre de l'héritier du domaine. Ces années vécues dans la montagne, dans les conditions les plus rudes, l'ont endurci, aguerri. Le maniement des armes n'a plus de secret pour lui : il atteint aussi sûrement sa cible avec la Winchester 73 qu'avec le tout nouveau Mauser à culasse mobile qui équipe l'armée fédérale.

Il sait comment éviter les *rurales* lancés à sa recherche et leur a échappé plus d'une fois dans des conditions incroyables, qui ont contribué à forger la légende de son invincibilité parmi les *peones*.

Au hasard de ses pérégrinations dans la sierra, Doroteo a un jour rencontré des hors-la-loi très différents de ceux avec qui il avait dévalisé le convoyeur de fonds de don Julio, le riche propriétaire de mine. Ces hommes, au nombre d'une trentaine, obéissaient à un chef déjà prestigieux répondant au nom de Francisco Villa. Doroteo avait à peine dépassé vingt ans alors que Villa en atteignait trente-cinq.

Le seul nom de ce Villa faisait déjà trembler les riches propriétaires. Il avait élaboré sa propre conception de la justice. Pour tous ceux qui outrepassaient certaines limites dans l'exploitation des *peones*, une seule peine : la mort. On ne comptait plus les juges, les officiers de police, les propriétaires tombés sous ses balles. La menace qu'il faisait planer incitait plus d'un contremaître à renoncer à l'usage du fouet. Doroteo éprouva pour Francisco Villa la même admiration que, quinze ans plus tard, le jeune *peón* de Parral pour le justicier qui avait abattu le juge Sánchez.

Bien entendu, les *rurales* traquaient Francisco Villa avec acharnement. À la suite d'une dénonciation, ils réussirent à lui tendre une embuscade, aux environs de Chihuahua, au cours de laquelle il fut grièvement blessé. Villa ne tomba pourtant pas entre leurs mains, ses hommes le ramenèrent sur son cheval, dans la sierra, où il mourut dans les bras de Doroteo.

Après avoir enterré Villa et planté sur sa tombe une grossière croix de bois, on demanda à Doroteo de prononcer une oraison.

— Frères, Francisco Villa est un symbole pour les *peones*, pour les pauvres, pour tous ceux qui subissent le joug des *terratenientes*, il ne peut pas mourir. Son corps repose ici et va être mangé par les vers, mais son esprit est toujours vivant. Je serai sa réincarnation. Désormais, je suis Francisco Villa. Les autorités doivent ignorer sa mort, car il n'est pas mort : je suis Francisco Villa !

Après un instant de stupeur, un homme cria :

— Que viva Francisco Villa !

— Viva Villa ! reprirent tous les autres.

Ainsi Doroteo Arango était-il devenu Francisco Villa, puis, plus familièrement, Pancho Villa.

V
LES CONJURÉS DE CHIHUAHUA

La nuit est tombée sur Chihuahua. Un homme se faufile dans la *calle 10*, une petite artère mal éclairée, en jetant des regards prudents par-dessus son épaule. Parvenu devant une grande bâtisse crépie de blanc, il inspecte une dernière fois la rue déserte, puis frappe cinq coups à la porte, selon un rythme convenu. Un barbu armé d'un Colt vient lui ouvrir et l'entraîne aussitôt à l'intérieur de la maison.

— Ah ! c'est vous, professeur González, nous commencions à nous inquiéter.

— J'ai été retardé. Ils sont tous là ?

— Ils vous attendent.

Autour d'une table sont réunis Pancho Villa et quelques-uns de ses fidèles compagnons : Tomás Urbina, Eleuterio Soto, José Sánchez. Tous se lèvent à l'arrivée du professeur.

Abraham González est très différent de ces hors-la-loi descendus de leur repaire de la sierra pour le rencontrer. Il porte un costume et une cravate, sa courte barbe est soigneusement taillée. Cet homme cultivé a pourtant connu la prison pour avoir publié un journal illégal, *La Voz del Pueblo*, car il est le chef des partisans de Madero dans l'État de Chihuahua.

— Mes amis, déclare-t-il, le moment est venu d'agir et de mettre fin à trente ans d'ignominies. Francisco Madero et les hommes les plus honnêtes du Mexique sont aujourd'hui réunis à El Paso, et ils ont pris la décision de lancer l'insurrection contre le régime de Porfirio Díaz le 20 novembre 1910, c'est-à-dire dans trois jours. La dictature n'a que trop duré !

Cette réunion n'est pas la première que tiennent les conspirateurs de Chihuahua. Cela fait maintenant plusieurs semaines qu'ils se retrouvent clandestinement dans cette maison de la *calle 10*. Villa est aujourd'hui acquis aux projets révolutionnaires d'Abraham González, mais celui-ci n'a pas gagné sa confiance en un jour.

La première rencontre entre le bandit et le jeune professeur se déroule dans une grotte de la sierra, où les hommes de Villa ont conduit González en lui bandant les yeux. Elle est houleuse.

— Ce Madero ne cherche-t-il pas à nous rouler ? hurle Villa. C'est un propriétaire terrien, comme tous ceux qui sucent le sang et la sueur des *peones* ! Ses parents sont des sénateurs, des députés, tous fidèles serviteurs de Díaz. Comment lui faire confiance ?

— Madero n'a rien de commun avec les autres *terratenientes*, réplique González. C'est un homme généreux et sincère. Il a établi un plan qui prévoit de rendre aux paysans les terres qui leur ont été volées, d'augmenter les salaires des ouvriers et des *peones*, de réduire la journée de travail à neuf heures...

— Madero est assurément généreux en promesses, mais les tiendra-t-il ? Les corbeaux ne se crèvent pas les yeux entre eux, et les riches non plus ! Ne cherche-t-il pas plutôt à nous utiliser afin de s'emparer du pouvoir pour son propre compte ?

— Si Madero ne pensait qu'à ses intérêts, pourquoi risquerait-il sa vie en appelant à la révolution ?

— En admettant que Madero soit un homme sincère et juste, une fois président, les riches et les propriétaires lui obéiront-ils ?

— Il n'auront pas le choix, car il s'appuiera sur le peuple en armes, sur des hommes comme toi et tes amis.

Villa se détend, flanque dans le dos du professeur une vigoureuse claque qui le fait sursauter, puis caresse la crosse du revolver fixé à sa ceinture.

— Le peuple en armes, voilà un langage qui me plaît davantage ! Les riches ne deviennent généreux que sous la menace d'une arme.

— Mais, dans l'immédiat, la tâche urgente est de s'unir à toutes les forces qui veulent mettre fin à la dictature de Díaz, précise González. Si tu veux mieux connaître le programme de Madero, lis ce journal.

Et il lui tend un exemplaire de *La Voz del Pueblo*. Villa le prend et avoue :

— Je ne sais pas lire. J'appartiens à une famille de *peones* où l'éducation se fait dans les champs.

— Il est encore temps d'y remédier et je peux t'aider, propose González. Et si Madero parvient au pouvoir, il donnera non seulement la terre mais l'éducation aux paysans.

Villa hoche la tête.

— Alors, c'est un homme juste. Nous combattrons pour Madero.

Les négociations pour obtenir le ralliement définitif de Villa et de ses hommes au parti madériste dureront encore plusieurs semaines que le professeur mettra à profit pour apporter au hors-la-loi quelques rudiments de lecture et d'écriture.

— Maintenant, je peux au moins lire sur les murs les avis qui me sont consacrés ! plaisante Villa.

Mais, en cette nuit du 17 novembre 1910, dans la maison de la *calle 10,* il n'est plus question de palabres ou d'éducation mais d'action, et Villa se sent beaucoup plus à l'aise.

— Au nord de l'État de Chihuahua, explique González, notre ami Pascual Orozco a déjà pris la tête d'un important détachement d'insurgés. Toi et tes compagnons, Pancho, vous marcherez sur la ville de San Andrés. Vous serez placés sous le commandement de Castulo Herrera, c'est un ami et un expert des questions militaires.

À cette annonce, les visages se ferment imperceptiblement, sans que le professeur, emporté par l'enthousiasme, s'en rende compte. Tomás Urbina chuchote quelques mots dans l'oreille de Villa qui lui fait signe de se taire.

— Très bien, nous obéirons à Castulo Herrera, puisque telle est ta volonté.

Quatre jours plus tard, Pancho Villa est à la tête de trois cent cinquante cavaliers. Les volontaires affluent, *peones*, mineurs, hors-la-loi, mais il n'accepte dans ses rangs que ceux qui disposent d'un cheval et d'un fusil en bon état. Cette petite troupe campe sur les hauteurs de la sierra Azul, à sept kilomètres seulement de Chihuahua. Ce rassemblement hétéroclite d'hommes sans uniforme et sans grade n'a guère l'apparence d'une armée. Les diverses bandes qui se sont ralliées à la révolution n'obéissent qu'à leurs propres chefs, lesquels n'en font qu'à leur tête.

Castulo Herrera est un intellectuel peu habitué à côtoyer et encore moins à commander de tels hommes. Il s'applique pourtant consciencieusement à remplir sa fonction. Au soir du 21 novembre, il vient retrouver Villa qui mâchonne des brindilles entre ses dents, adossé à un arbre.

Herrera s'accroupit face à lui.

— J'ai élaboré un plan.

— Ah oui.

— Nous allons attaquer San Andrés de nuit et surprendre les *rurales*...

Villa l'écoute un instant, en continuant à mâcher ses brins d'herbe, ce qui irrite Herrera, puis il tranche, sur un ton catégorique :

— Ce n'est pas la bonne tactique. De nuit, les *rurales* ne sauront pas à qui ils ont affaire et ils vont tirer pour se défendre. Chacun de nos combattants a des amis dans la ville, ce sera le massacre. De jour, lorsqu'ils verront que nous sommes aussi nombreux, les *rurales* s'enfuieront.

— En êtes-vous certain ? s'inquiète Herrera.

Villa hausse les épaules.

— À la guerre, on ne peut jamais être certain de rien. Mais je dis que c'est la meilleure tactique.

— Très bien, acquiesce Herrera décontenancé, alors reportons l'attaque à demain matin.

Au lever du soleil, les cavaliers se mettent en marche. Herrera et Villa chevauchent en tête de la colonne, côte à côte.

Des bergers sont les premiers à apercevoir les révolutionnaires. Le bruit se répand très vite dans San Andrés.

— Villa arrive à la tête d'une immense armée !

— Combien sont-ils ? s'inquiètent les *rurales*.

— Je ne sais pas, je ne les ai pas comptés, répond un gamin, au moins des milliers...

Le chef des *rurales* grimpe sur le clocher de l'église d'où il scrute les abords de la ville avec ses jumelles. Il ne peut distinguer que le nuage de poussière soulevé par les cavaliers.

— Ils ne sont peut-être pas des milliers, mais ils sont nombreux, annonce-t-il.

La panique s'empare très vite de ces hommes habitués à maltraiter des paysans sans défense et à bénéficier d'une supériorité numérique écrasante pour affronter des bandits isolés. Le chef lui-même saute sur son cheval et quitte la ville, bientôt imité par ses subordonnés, sous les huées de la population qui sort dans les rues pour acclamer Pancho Villa.

Quand Villa et Herrera pénètrent dans San Andrés, il ne reste plus un seul *rurale*, la ville est en fête, les acclamations fusent de partout. Les habitants offrent des boissons, de la nourriture aux combattants qui n'ont pas eu un seul coup de feu à tirer, leur ouvrent les portes de leurs maisons pour trinquer avec eux.

Villa est happé par une famille qui l'invite à partager son repas. Au milieu de ces gens modestes qui disposent sur la table ce qu'ils ont de meilleur, en son honneur, Villa se sent bien. À son habitude, il refuse l'alcool, à la surprise de ses hôtes. Les yeux noirs d'une jeune fille retiennent son attention. Villa s'apprête à lui proposer de le suivre sur la place de la ville où s'est improvisé un bal, quand des coups de feu retentissent.

Villa bondit dans la rue, le revolver au poing. Il saisit un de ses hommes par le col.

— Qui a tiré ? Que se passe-t-il ?

— Ce n'est rien. Ce sont nos amis qui tirent en l'air pour fêter la victoire.

— Ces crétins vont se blesser entre eux et tuer des habitants, et ils gaspillent les balles.

La fusillade redouble d'intensité.

— Qui les a autorisés à tirer ainsi ?

— Je ne sais pas, je crois que c'est le *commandante* Herrera.

Villa n'insiste pas. À cette heure de la nuit, il est inutile d'essayer de faire entendre raison à ses hommes, dont beaucoup sont ivres. Il s'enroule dans une couverture, au pied d'un arbre, rabat son chapeau sur ses yeux et s'efforce d'oublier la fusillade qui se poursuit et de trouver le sommeil.

Le lendemain, à l'aube, Villa et Herrera inspectent le détachement qui se rassemble. De nombreux hommes ont les yeux rougis par l'alcool et le manque de sommeil, certains tiennent à peine sur leurs jambes.

Villa affiche un visage fermé, observe la scène sans prononcer une parole.

— Qu'est-ce qui ne va pas ? s'inquiète poliment Herrera.

— Ce qui ne va pas ! explose Villa. Regardez ces hommes ! Croyez-vous que ce sont des soldats en état de combattre ? Et que se passera-t-il si nous gaspillons toutes nos munitions ainsi avant même d'avoir livré une seule bataille ?

Quelques hommes se sont regroupés autour de leurs deux chefs et écoutent la discussion.

— Pancho a raison, crie un *peón* qui semble un peu plus frais que ses compagnons. C'est d'un chef comme lui que nous avons besoin.

— Nous voulons être commandés par Pancho Villa ! approuve un autre.

Herrera est beau joueur.

— Très bien, ces hommes ont sans doute raison : Villa combat depuis plus de dix ans et moi depuis deux jours, il mérite d'être votre chef.

VI
LE TRAIN
DU COLONEL YPEZ

Confortablement installé dans un fauteuil de cuir anglais à oreillettes, façon chesterfield, le colonel Pablo Ypez observe le paysage. Les parois de son compartiment sont faites d'acajou sombre que rehaussent des barres de cuivre bien astiquées. Sur une tablette pliante en bois plus clair reposent une tasse de chocolat en faïence et un cendrier de marbre où se consume une cigarette anglaise. Ce décor luxueux pourrait laisser croire au colonel qu'il voyage dans l'Orient-Express, s'il oubliait les collines arides qui défilent sous ses yeux. L'officier est un homme de trente-cinq ans au visage étroit, dont les petits yeux sombres s'enfoncent assez profondément dans leurs orbites. Une longue moustache aux pointes relevées, qu'il cire soigneusement chaque matin, souligne son nez long et fin. Le pli de sa tunique bleue à boutons dorés et celui de son pantalon garance à large bande de commandement sont irréprochables. Son ceinturon et ses longues bottes de cavalier en cuir souple luisent sous le soleil matinal. À côté de lui, sur la banquette, sont posés son sabre, dans son fourreau étincelant, ses gants et son képi blanc à visière carrée identiques à ceux que portaient les légionnaires français de Maximilien que son chef, le général-président Porfirio Díaz, a jadis combattus aux côtés de Benito Suárez ; mais le colonel Ypez est trop jeune pour avoir connu cette époque.

Un seul détail permet de deviner que cet élégant officier n'est pas en voyage d'agrément : la carte du Mexique fixée au fond du compartiment. Cette carte évoque dans l'esprit d'Ypez celle sur laquelle Porfirio Díaz se penche chaque jour pour y planter de petits drapeaux figurant les forces fédérales et les rebelles maděristes. Mais celle-ci est en relief ; placée sur une immense table, elle occupe une salle entière du palais gouvernemental de Chapultepec. Avant de monter dans le train pour Chihuahua, Ypez a participé à une réunion d'état-major.

Diaz est entré dans une violente colère.

— Il est intolérable que ces hordes de bandits qui ignorent tout de l'art de la guerre et se disent révolutionnaires tiennent en échec l'armée de la nation. La sécurité du pays exige des mesures énergiques. Je prends dorénavant la conduite directe des opérations et le général Samuel García Cuellar, chef de l'état-major, va se rendre immédiatement sur le terrain pour les appliquer !

Les tirades hystériques du dictateur vieillissant n'ont pas fait bon effet au colonel Ypez. Don Porfirio est sans doute un héros de la guerre d'Indépendance, mais les techniques militaires ont évolué. Trop de vieilles badernes occupent les postes clés. Ce qui fait défaut à la tête de l'armée, pense Ypez, ce sont des officiers de sa trempe, formés à l'académie militaire.

La mission du colonel est d'acheminer ce train de renforts et de munitions jusqu'à Chihuahua, de façon à donner au général Navarro les moyens de reprendre la ville de Guerrero tombée aux mains des madéristes. Ypez espère bien que cette campagne lui offrira l'occasion de se faire remarquer de ses supérieurs. Il ferait un très jeune général, un des plus jeunes de l'armée.

Une secousse tire le colonel de sa rêverie. Le train ralentit pour aborder une côte. À cet instant, on frappe à la porte du compartiment.

— Mon colonel, annonce un jeune capitaine figé dans un garde-à-vous impeccable, on signale la présence de rebelles dans les parages.

Un petit sourire passe sur le visage du colonel.

— Parfait, nous allons donner du plomb à manger à ces sauvages.

Sur la crête des collines, on distingue un nuage de poussière.

— Des cavaliers, dit le capitaine, cela fait un moment qu'ils nous suivent. Ils ont l'air nombreux.

Ypez est vexé. Comment se fait-il qu'il ne les ait pas aperçus? Il prend ses jumelles, les règle, mais la poussière soulevée par les chevaux empêche de distinguer les cavaliers. Le nuage gris suit la crête sur une très longue distance...

Le train, freiné par la pente, roule de plus en plus lentement. Fort heureusement, ces bandits ne disposent pas d'artillerie.

Le colonel est tout de même un peu nerveux. À l'académie militaire, on n'apprend pas à mener bataille du fond d'un train, et il n'aime pas ces collines qui surplombent la voix ferrée. Il s'empare de son Colt 45 et suit son aide de camp dans le couloir jusqu'à l'extrémité du wagon, gravit l'échelle métallique qui conduit sur le toit, où deux hommes servent une mitrailleuse Hotchkiss pivotant sur son trépied.

La côte est maintenant si rude que le train avance à la vitesse d'un homme à pied. Le colonel tend le bras.

Devant eux, sur une colline, une longue rangée d'hommes, dont on aperçoit les chapeaux et les fusils, est placée en embuscade.

— Feu ! crie Ypez.

La Hotchkiss crépite. Son tac-tac a la régularité d'une pendule. Les impacts font gicler la pierraille tout le long de la crête. Une belle machine, songe Ypez. À sa surprise, aucune riposte ne vient de la colline. Ce tir de mitrailleuse aurait-il suffi à pétrifier les rebelles ?

Ce que Ypez ignore, c'est qu'il n'a affaire qu'à des chapeaux et des bâtons placés sur la colline par les hommes de Villa pour tromper l'ennemi. Quant à la nombreuse troupe qui suit le train, il ne s'agit que de buissons tirés par des cavaliers pour donner le change.

La véritable embuscade va se produire un peu plus loin, au sommet de la côte, et venir de l'autre côté.

Un groupe de cavaliers jaillit soudain entre deux collines. Ils ne sont que quelques dizaines, mais l'effet de surprise est terrible : ils foncent déjà sur le train quand on les croyait à l'horizon. Ils tirent en poussant des cris de guerre.

Les projectiles fracassent les vitres du train. Le servant de la Hotchkiss s'effondre aux pieds du colonel ; sans hésiter, le second prend sa place et fait pivoter le redoutable engin.

Les assaillants sont maintenant tout proches. Ypez peut distinguer leurs visages, leurs cartouchières, leurs pantalons de vacher en cuir, les armes qu'ils brandissent. L'officier ne peut s'empêcher d'éprouver une certaine admiration pour leur audace, mais ne perd pas pour autant son sang-froid. Se tenant de la main gauche au garde-fou métallique, il vise calmement, bras tendu comme à l'exercice. Un assaillant tombe.

Le tac-tac de la Hotchkiss repart. Deux cavaliers sont fauchés. La botte de l'un reste coincée dans son étrier et son cheval traîne son cadavre. Leurs compagnons font demi-tour pour échapper au tir meurtrier.

Ypez croit un instant avoir repoussé ce premier assaut, mais deux autres cavaliers qu'il n'avait pas aperçus galopent le long du wagon, si près que l'angle de tir de la mitrailleuse ne permet pas de les atteindre. Ypez se penche pour en ajuster un, le manque. Le second passe à sa hauteur. Il fait tournoyer quelque chose au-dessus de sa tête. Le colonel le vise à son tour, mais le barillet de son Colt est vide ! Et soudain le lasso s'abat sur la Hotchkiss, la fait basculer avec son trépied, tandis que son servant perd l'équilibre. La mitrailleuse glisse du toit, tombe.

Le cavalier repart en traînant son butin, poursuivi par une grêle de balles tirées des fenêtres du train. Les projectiles l'encadrent, frappent le sol jusque sous les sabots de son cheval, mais il leur échappe miraculeusement et s'éloigne, hors de portée.

Rodolfo Fierro, ancien chef de train, vient d'inaugurer une méthode de combat inattendue. Son exploit est aussitôt salué par des vivas et la cavalerie de Pancho Villa repart à l'assaut du train.

Le colonel Ypez redescend à l'intérieur du wagon, enjambe le corps d'un soldat qui gît dans le couloir, ramasse son Mauser, vérifie qu'il est chargé, et part à la recherche de son aide de camp pour tenter de coordonner l'action de ses hommes qui tiraillent un peu au hasard à travers les fenêtres du train. Une nouvelle mitraillade se déclenche et résonne joyeusement dans le crâne du colonel : c'est celle de la deuxième Hotchkiss placée à l'avant du train — il ne peut pas savoir que les insurgés viennent de s'en emparer et de la retourner contre les fédéraux...

Le convoi, qui avait repris de la vitesse, ralentit à nouveau. Sans raison apparente, car le dernier wagon a largement dépassé le sommet de la côte. Deux hommes viennent de sauter de cheval et de pénétrer dans la locomotive. Ils pointent leurs armes sur le mécanicien.

— Si tu tiens à la vie, *amigo*, arrête le train !

— Et crie « Viva Villa » ! ajoute son compagnon qui sourit de toutes ses dents.

Le mécanicien abaisse un levier. Le frottement acier contre acier des roues sur les rails provoque un crissement strident, et fait jaillir des gerbes d'étincelles. Sur sa lancée, le train parcourt encore plusieurs dizaines de mètres puis s'immobilise. Des centaines de fantassins qui attendent de chaque côté de la voie se lancent alors à l'assaut en hurlant. Des grappes de *peones* armés de vieux fusils, de machettes, de couteaux, escaladent les marchepieds, se hissent par les fenêtres ; les premiers sont rejetés, leurs corps retombent sur le ballast, mais les suivants parviennent à investir le train. Un combat féroce s'engage au corps à corps dans les couloirs, les compartiments, sur les toits.

Le colonel Ypez vide son Mauser, puis repousse d'un coup de crosse un assaillant qui a enjambé la fenêtre. À cours de munitions, il ne peut recharger son arme et dégaine son sabre. L'officier parvient difficilement à se frayer un chemin dans le couloir encombré de cadavres de soldats et d'assaillants entremêlés. À l'extrémité du wagon, un géant brandit sa machette. L'officier évite le coup et riposte. La pointe du sabre trace une ligne sanglante sur le vêtement blanc de son adversaire qui chancelle, tombe en avant, manquant d'écraser l'officier sous son poids.

À cet instant apparaît le jeune aide de camp.

— Vite, mon colonel, suivez-moi. Il nous reste des chevaux.

Quelques fédéraux ont en effet réussi à se regrouper et à faire descendre les chevaux de leurs wagons.

— Fuir devant ces bandits ? Vous n'y songez pas ! lâche le colonel, la lippe hautaine.

Il n'a pas le temps d'en dire plus. Une balle partie d'on ne sait où le frappe en pleine poitrine. Le colonel Ypez ne portera jamais l'étoile de général et le train de renforts n'arrivera jamais à Chihuahua.

Les guérilleros de Pancho Villa récupéreront, outre les deux mitrailleuses Hotchkiss, un petit obusier de 75, près de trois cents Mauser et cent caisses de munitions.

VII
LA TUERIE DE PEDERNALES

En dépit de la chaleur accablante qui écrase le village, les volets et les portes des petites maisons blanches de Pedernales restent clos. La place centrale est déserte, pas un enfant ne joue dans la rue, les femmes qui d'ordinaire bavardent à l'ombre des auvents, assises sur des chaises paillées, se sont enfermées chez elles à double tour. La *cantina*, la *tienda* et même l'église sont vides.

— Où sont-ils passés ? crie le général Navarro.

Drapé dans sa cape bleue que fait frémir une brise venue du nord, il promène un regard dédaigneux sur les pauvres masures où se sont réfugiés ces *peones* si peu hospitaliers. Navarro est de très mauvaise humeur : il a appris la veille la mort du colonel Ypez dont la défaite le prive des munitions et renforts qu'il attendait. Il entend pourtant maintenir son offensive pour reprendre Guerrero avec les moyens dont il dispose.

Après plusieurs heures de marche, Navarro a décidé de donner un peu de repos aux bêtes et aux hommes. Il a déplié sa carte d'état-major et choisi Pedernales pour cette halte. Pourquoi les habitants du village ne viennent-ils pas saluer les soldats et leur apporter des boissons ?

L'ordonnance du général fait une petite grimace.

— Ici, ce sont tous des madéristes, je vous avais prévenu, mon général. La moitié, au moins, des hommes en âge de combattre suit ce bandit, Villa...

— Madéristes ou pas, faites sonner le clairon pour rassembler les hommes du village sur la place.

L'ordonnance transmet l'ordre. Le clairon s'avance au milieu de la place vide, sonne l'appel, puis le silence retombe sur le village, plus impressionnant encore. Les soldats sont mal à l'aise, leurs doigts se crispent sur leur fusil, ils lancent des regards inquiets dans toutes les directions.

— Bon sang ! hurle Navarro, hors de lui, ils ne sont pas tous partis avec les madéristes ! Clairon, recommencez ! Et mieux que ça, sinon je vous colle aux arrêts !

Le clairon embouche sa trompette qui résonne à nouveau dans le village désert. Pas une porte ni un volet ne s'ouvre. Les soldats sont de plus en plus nerveux. Soudain, un chien se met à hurler, un cheval hennit et se cabre, son cavalier a du mal à le maîtriser.

— Enfoncez les portes et prenez trente hommes ! ordonne le général.

Après un instant de flottement, des groupes de soldats menés par des sous-officiers frappent les battants de bois à coups de crosse et de botte, puis utilisent comme béliers tout ce qui leur tombe sous la main. Malgré les protestations des femmes et les pleurs des enfants, trente hommes sont bientôt rassemblés sur la place. Certains ne sont pas sortis de l'adolescence, d'autres ont dépassé depuis longtemps l'âge de manier une arme, un vieillard voûté avance difficilement en s'appuyant sur un bâton. Aucun d'entre eux ne crie ni ne supplie les soldats. Remarquant le vieux, un soldat l'entraîne à l'écart, mais le général, d'un geste du doigt, lui signifie de ramener son prisonnier au centre de la place.

— Le vieux comme les autres. Il serait bien capable de nous poignarder dans le dos !

Tandis qu'un peloton d'une vingtaine de soldats vient prendre position face à eux, les malheureux *peones* reculent en désordre, tentent de se réfugier dans l'ombre des arcades, derrière les piliers de l'église, les arbres.

Le lieutenant qui commande le peloton lève son sabre.

Quand le général Navarro repart à la tête de ses troupes, il ne reste plus que des cadavres amoncelés sous les arcades de la place de Pedernales.

VIII
COMMENT VILLA DÉCIDA DE PRENDRE CIUDAD JUÁREZ

— Ces chiens de porfiristes sont là !

Gorgonio Beltrán tend le bras vers de minuscules silhouettes qui s'agitent autour de tentes, de chariots, de canons dont le soleil fait briller les fûts. Son compagnon se penche sur son cheval en plaçant sa main en visière au-dessus de ses yeux pour observer les mouvements des fédéraux. Les deux cavaliers ont escaladé une dune désertique surplombant une immense étendue aride où ne poussent çà et là que quelques cactus aux formes tourmentées et de rares touffes d'herbe sèche. Au-delà de ce désert, à la frontière des États-Unis, face à El Paso, il y a Ciudad Juárez, dernière place forte du Nord où le général Navarro a massé ses meilleures troupes après avoir évacué Chihuahua. Ce sont les avant-postes des défenseurs de la ville que peuvent apercevoir les deux éclaireurs de l'armée de Villa.

Beltrán est un homme de haute taille, à la peau très sombre et au nez busqué. Un bandeau blanc retient sa longue chevelure noire. Il monte à cru, sans selle ni éperons, chaussé de grossières sandales de cuir. La bretelle de sa Winchester 73 croise sa cartouchière sur sa poitrine nue. Il voue une haine terrible aux *rurales*, aux soldats et aux policiers qui ont chassé ses frères tarahumaras de leurs terres, les contraignant à se réfugier dans les grottes inaccessibles de la Barranca del Cobre. C'est un des premiers compagnons de Pancho Villa.

Le second cavalier se nomme Fidel Avila. C'est un petit homme râblé de type hispanique, sanglé dans un costume noir que la poussière fait paraître gris. Un sombrero noir à galon doré pend dans son dos et un redoutable fusil Mauser est placé en travers de la selle cloutée et décorée de motifs tarabiscotés qu'il a confisquée en même temps que son cheval à son ancien patron, un riche *hacendado*, avant de rejoindre les madéristes. Par la même occasion, il lui a pris les deux Colt à crosse de nacre qui pendent aujourd'hui à sa ceinture, des bottes de cuir ouvragé et de splendides éperons d'argent dont il n'est pas peu fier. Le *terrateniente* n'en aura plus besoin : sa longue carrière d'esclavagiste s'est terminée au bout d'une corde que ses *peones*, las de subir le fouet, ont accrochée à la plus haute poutre de sa luxueuse demeure.

— Maintenant, il faut rejoindre les nôtres et les avertir !

D'un même mouvement habile, les deux hommes font faire demi-tour à leurs montures. Ils s'engagent sur le chemin du retour, quand soudain le cheval de Beltrán marque le pas, renâcle à avancer, frémit. Le Tarahumara flatte le col de l'animal pour le calmer, puis saute à terre, la carabine au poing, et colle son oreille contre le sol. À cet instant surgissent en face d'eux huit cavaliers bleus qui se dissimulaient jusqu'alors en contrebas de la colline. Les deux villistes se retournent. Derrière eux, des fantassins disposés en ligne les tiennent en joue.

— Ils nous ont tendu un piège, fuis, *amigo* ! crie l' Indien à son compagnon.

Deux coups de feu claquent, le cheval d'Avila se cabre et s'effondre sous lui. L'homme roule sur le sol. Quand il se relève, les fédéraux pointent leurs baïonnettes sur sa poitrine. Un petit lieutenant arrogant les contemple, les pouces passés dans son ceinturon.

Un sergent montre à l'officier les revolvers à crosses nickelées.

— Ce bandit a volé ces armes à un *caballero*, pour cette seule raison il mérite d'être pendu.

Beltrán et Avila sont empoignés par les soldats qui leur lient les mains dans le dos, les dépouillent de leurs armes. Les deux prisonniers doivent courir derrière les cavaliers qui les tiennent en laisse. À plusieurs reprises, ils tombent, se blessent sur le sol caillouteux. Lorsqu'ils atteignent le campement des fédéraux, à l'issue de cette course épuisante, leurs vêtements sont déchirés, leurs visages et leurs mains ensanglantés.

— Nous allons vous fusiller sur-le-champ, annonce l'officier sur un ton guilleret. C'est un honneur que vous ne méritez pas.

— Ce chien d'Indien ne vaut même pas les balles que nous allons gaspiller, mon lieutenant ! fait l'homme qui tient la corde à laquelle le Tarahumara est attaché.

— Voulez-vous un prêtre ? demande le lieutenant, ignorant la remarque de son subordonné.

Beltrán reste muet, le visage fermé.

Avila entonne un refrain.

Vuela, vuela palomita
Vuela, vuela si sabes volar
y anda avísale a mi madrecita
que me van a fusilar...

Puis le *peón* crache sur le sol et hurle :

— Pancho vous le fera payer, il vous pendra tous, vous, vos maîtres et vos curés ! Viva Villa !

— Allez ! commande l'officier sans s'émouvoir de ces menaces.

Les deux madéristes sont attachés à des poteaux de bois qui portent déjà des entailles caractéristiques et des traces sanglantes. Ils refusent qu'on leur bande les yeux.

Face à eux, le peloton d'exécution se met en place. Les soldats sont très jeunes, les faces cuivrées et les yeux bridés de plusieurs d'entre eux trahissent leurs origines.

— Tu sers les oppresseurs de ta race, petit soldat, ceux qui sucent le sang de tes frères ! crie Beltrán. Alors vise au cœur, les *terratenientes* sauront te récompenser !

Pas un soldat ne frémit, leurs visages demeurent impénétrables. Ils étreignent farouchement leurs fusils.

— Ne te fatigue pas à leur parler, dit Avila, méprisant, ce sont de fidèles esclaves.

— En joue ! commande l'officier.

— Un instant !

Un officier supérieur vient d'apparaître. Le monocle vissé sur l'œil, les bras croisés sur son élégante cape bleue, il contemple la scène d'un air hautain. Profil aristocratique, lippe méprisante, menton énergique, le général Navarro toise le petit lieutenant.

— Qui sont ces hommes que vous allez fusiller ?

L'autre se fige au garde-à-vous.

— Deux partisans de Villa que nous avons pris dans les environs, mon général.

— Vous les avez interrogés ?

— Ce ne sont pas des personnages importants, mon général. Juste un Indien et un bandit. C'est une grâce que nous leur faisons...

— C'est à moi d'en décider, tranche Navarro. Vous êtes un crétin qui ne méritez pas vos galons. Ils peuvent nous être utiles. Mettez-les sous bonne garde. Vous en répondrez personnellement.

Humilié devant ses hommes, le lieutenant cille en avalant désagréablement sa salive mais obéit sans broncher. Il aboie un ordre bref à un soldat qui court aussitôt jusqu'au poteau pour détacher les deux villistes. C'est un petit Indien au visage d'enfant.

— Dieu est avec vous pour le moment, *amigos*. On ne peut jamais savoir ce que Navarro a en tête. Un jour il fusille, un jour il gracie.

Le Tarahumara ne répond pas, il arbore un masque indifférent, comme si cet épisode imprévu ne le concernait pas, mais Avila, quand vient son tour d'être détaché, parle au soldat.

— Avertis Pancho Villa que deux de ses amis sont prisonniers, *chico* ! Ainsi, quand Ciudad Juárez sera libérée, tu seras du bon côté.

*

*   *

Un désordre indescriptible et une animation joyeuse règnent dans le campement des madéristes, malgré l'heure avancée. Les soldats et leurs compagnes, les *soldateras*, se rassemblent autour des feux. Nul ne pourrait dire qui sont les officiers parmi ces hommes aux tenues dépareillées et aux visages rudes qui mangent, boivent, chantent, dansent, jouent aux cartes ou aux dés, se disputent, se battent parfois pour un mot ou un regard de trop, puis se réconcilient aussi vite avec force claques dans le dos.

Chacun sait qu'il peut mourir demain mais veut l'oublier. Chacun sait aussi que des décisions importantes seront sans doute prises cette nuit, car, en ce moment même, se tient une importante conférence entre les principaux chefs de la révolution : Francisco Madero, Pascual Orozco et Pancho Villa. Les trois hommes se sont réunis un peu à l'écart de cette agitation. Ils sont aussi différents par leurs tenues que par leur façon de s'exprimer et de concevoir la marche de la révolution et sa conduite militaire.

Madero est un petit homme barbichu en col dur et cravate, au haut front d'intellectuel. À côté de Villa, le père de la révolution paraît minuscule, fragile. Pourtant, la volonté farouche qui l'anime se lit dans son regard fiévreux. Pascual Orozco, ancien employé des chemins de fer, porte lui aussi un costume, mais ses bottes de cheval et son chapeau noir, du style de ceux que portent les Texas Rangers, lui donnent une allure plus martiale. C'est le plus réservé et le plus calculateur des trois.

La discussion porte sur l'opportunité d'attaquer Ciudad Juárez.

— Ce serait pure folie ! s'emporte Madero. Une défaite serait un désastre pour la révolution. Ciudad Juárez est beaucoup trop bien fortifiée. Navarro a eu tout le temps de se préparer, c'est un général expérimenté, et il dispose de trente mille hommes, d'une artillerie moderne. Ses forces sont supérieures en tous points aux nôtres...

Pancho Villa écoute Madero en silence, en penchant la tête. Sa méfiance initiale à l'égard du chef de la révolution a fait place à l'admiration et à la confiance ; être traité avec considération, lui qui sait à peine lire, par cet intellectuel issu d'une famille de grands propriétaires terriens qui présidera peut-être bientôt aux destinées du pays, voilà qui le remplit d'orgueil ; il n'est pourtant plus le *peón* traqué par les *rurales* dans la Sierra Madre, il a fait ses preuves, remporté des victoires importantes.

Villa se campe en face de Madero, en regardant son interlocuteur droit dans les yeux.

— Et si je dis, moi, que nous allons prendre Ciudad Juárez d'assaut et pendre Navarro !

Orozco observe l'affrontement sans s'engager, bien qu'il se soit déclaré en faveur de l'attaque quelques instants plus tôt, en tête à tête avec Villa.

— C'est de la folie, Pancho, répète Madero, sur un ton qui se veut paternel. C'est un défi à tous les principes militaires.

Villa reste de marbre, si bien que Madero conclut d'une voix cette fois autoritaire.

— D'ailleurs, je te l'interdis formellement ! Tu m'entends, je te l'interdis !

— Très bien, j'agirai selon vos désirs.

Et Villa tourne les talons, furieux de ne pas avoir été entendu par Madero qui est sans doute à ses yeux un excellent homme mais aussi un piètre stratège, sans expérience personnelle de la conduite des opérations militaires.

Villa retourne donc vers ses quartiers où l'attend sa compagne, une *soldatera* séduite au cours de la fiesta qui a suivi la prise de Chihuahua. Avec l'intention de se consoler dans ses bras de son échec auprès de Madero. En chemin, ses hommes le saluent, lancent des plaisanteries, présentent les requêtes les plus diverses auxquelles il répond avec patience. Les femmes lui adressent des œillades qui ne le laissent pas insensible. On l'invite à trinquer. Il repousse en riant la bouteille de tequila que lui tend une *soldatera* débraillée, mais accepte de passer un instant avec ses *muchachos*. On se pousse pour lui faire une place devant le feu. Il s'accroupit entre un vieux *peón* édenté à la peau parcheminée et un adolescent qui gratte la guitare, et reprend avec eux le refrain d'Adelita.

Si je meurs au combat
et si mon corps repose dans la sierra
Adelita, je te demande au nom de Dieu
de me pleurer avec les larmes de tes yeux

Soudain le guitariste s'interrompt, le chant s'arrête. Une sentinelle bardée de cartouchières, hors d'haleine, s'approche de Villa.

— Pancho, un homme veut te parler.

Villa le suit. Deux guérilleros aux mines farouches encadrent un jeune Indien en uniforme de l'armée fédérale.

— Il prétend avoir un message qu'il ne veut remettre qu'à toi. Méfie-toi, c'est peut-être un espion !

Villa dévisage le prisonnier dont la candeur se lit dans le regard enfantin.

— Je suis capable de me défendre. Laissez-moi avec lui.

Les deux combattants s'éloignent, en jetant des regards inquiets derrière eux. Pancho s'assoit sur le sol et fait signe au jeune déserteur de l'imiter.

— Tu as soif ? Faim ?

Le soldat incline affirmativement la tête. Villa hèle un de ses hommes.

— Va me chercher à manger et à boire pour ce garçon. Et toi, qu'as-tu à me dire de si important ?

— Gorgonio Beltrán et Fidel Avila ont été capturés par une patrouille de l'armée fédérale. Ils sont retenus à Ciudad Juárez. Le général Navarro les a épargnés pour le moment, mais il les fusillera à l'aube s'ils ne lui ont pas révélé vos positions. D'après ce qu'ils m'ont dit, ce sont vos amis...

Villa se redresse d'un seul coup et saisit le soldat par le col.

— Mes amis, dis-tu ? Qui t'a envoyé ? Navarro ?

— Non, non, je vous le jure au nom de la Vierge, je suis venu ici de mon plein gré, je veux me joindre à vous !

Villa ne l'écoute plus. Gorgonio est l'un de ses compagnons de la première heure. Avec lui, il a affronté les *rurales* dans la sierra. Sans son aide, il ne serait peut-être pas aujourd'hui à la tête de cette armée...

— Tomás, Rodolfo ! Dites-leur que je veux les voir immédiatement !

Plusieurs hommes se lancent à la recherche des deux lieutenants. Après quelques instants de confusion, ils parviennent à arracher Tomás Urbina des bras d'une *soldatera* brune et à convaincre Rodolfo Fierro d'abandonner une partie de cartes en dépit des protestations furieuses de ses partenaires.

— Préparez-vous, leur annonce Villa. Nous attaquons Ciudad Juárez demain.

Le lendemain matin, aux premières lueurs de l'aube, une canonnade réveille Francisco Madero qui sort de sa tente en bras de chemise. Des hommes armés courent dans tous les sens sans se préoccuper de sa présence, des cavaliers, équipés de pied en cap, passent au galop, on entend crier des ordres, les tirs de canon redoublent d'intensité, suivis par une intense fusillade. On se bat probablement très près d'ici.

— Que se passe-t-il ? Où est le général Villa ?

Personne n'est capable de lui répondre, et personne n'en prend la peine. Après avoir erré un moment dans le camp, Madero rencontre enfin un homme qui lui semble être un adjoint direct de Pancho Villa.

— Ne restez pas ici, *señor presidente*, c'est la guerre et vous risquez d'être tué ! Allez vous mettre à l'abri.

Ignorant cet avertissement, Madero empoigne l'autre, bien qu'il soit deux fois plus large et plus grand que lui.

— Allez-vous vous décider à m'expliquer ce qui se passe ? J'avais formellement interdit au général Villa d'attaquer !

— Eh bien, ce sont les porfiristes qui ont attaqué, alors nous ripostons, réplique l'homme, assez mal à l'aise, nous sommes bien obligés de riposter, n'est-ce pas, *señor presidente* ?

— Sans doute, mais que compte faire le général Villa ?

— Il est à la tête de nos troupes. Il va prendre Ciudad Juárez.

Madero se décide enfin à lâcher son interlocuteur, ses bras retombent le long de son corps.

— Alors qu'il prenne Ciudad Juárez !

Comment Villa décida de prendre Ciudad Juárez

Extrait du El Paso Morning Times
Le 11 mai 1911
Par Bobby Willeford

PRISE DE CIUDAD JUÁREZ
PAR LES MADÉRISTES

Encore hier matin, on pouvait entendre les tirs des canons, des mitrailleuses et des fusils de l'autre côté de la frontière. Certains obus sont même tombés sur le sol des États-Unis, fort heureusement sans causer de victimes. Mais à deux heures de l'après-midi, le général Navarro a présenté sa reddition aux forces madéristes. Au terme d'une longue et sanglante bataille qui, selon nos informations, aurait fait plusieurs milliers de morts et blessés, l'ancien bandit Pancho Villa, aujourd'hui général des forces révolutionnaires, a réussi à s'emparer de la ville de Ciudad Juárez, mettant en déroute le corps d'armée le plus important dont disposait encore le président Díaz. Après pareille défaite, tous les observateurs s'accordent à considérer que les jours du pouvoir de Porfirio Díaz sont comptés...

IX
UN DÎNER À EL PASO

Douze hommes armés jusqu'aux dents encadrent le général Navarro. Le vaincu avance d'un pas raide, son visage est fermé mais conserve son habituelle expression de dédain. On lui a arraché sa cape, pris son arme mais laissé son képi, ses épaulettes et son ceinturon. Le groupe parcourt une rue bordée de maisons blanches. Sur les balcons de bois se massent des familles entières qui poussent des vivas au passage des madéristes, lancent des fleurs, proposent des boissons, des tortillas, des beignets, des fruits. On se bouscule pour tenter d'apercevoir Pancho Villa, Pascual Orozco, Francisco Madero et son frère Raúl, de les montrer aux enfants.

Soudain un *peón* pointe le doigt sur le prisonnier.

— C'est Navarro, l'assassin, le fusilleur !

En écho fusent des cris de rage.

— À mort le fusilleur ! Qu'on le pende !

— Qu'on me le laisse, je vais lui arracher les yeux ! hurle une femme.

L'escouade presse le pas. Les cris redoublent. Des projectiles pleuvent sur le groupe. Une pierre frappe l'épaule du général qui conserve son air hautain. La foule grossit, devient menaçante. Les soldats donnent des coups de crosse pour se dégager, un lieutenant dégaine son revolver et tire un coup de feu en l'air. Les douze hommes et leur prisonnier parviennent enfin à s'échapper, ils disparaissent derrière les portes d'une imposante bâtisse de pierre. La marée furieuse se jette en vain contre les lourds vantaux cloutés sur lesquels elle tambourine en continuant à hurler et à gesticuler.

Ce tumulte envahit les rues, monte jusqu'aux fenêtres de l'hôtel particulier réquisitionné par les chefs révolutionnaires pour en faire leur quartier général, où Villa se prélasse dans un fauteuil en cuir de style espagnol, ses bottes posées sur un fragile guéridon, face à Orozco qui se tient debout, les mains dans le dos.

— Comment convient-il de traiter cet assassin ? s'inquiète Villa. On le fait passer devant un conseil de guerre ou on le fusille tout de suite ?

— Un conseil de guerre ? Pourquoi un conseil de guerre ? Les paperasseries et les discours me fatiguent. Qu'on le fusille sur-le-champ !

— C'est bien mon avis.

Villa se lève et marche jusqu'à la fenêtre qui ouvre sur un balcon dominant un élégant patio, où des soldats débraillés se reposent, allongés sur les pavés. Il hèle un barbu couvert de cartouchières.

— Prends douze hommes et colle contre un mur l'assassin de Pedernales ! Ensuite, tu feras savoir au peuple de Ciudad Juárez que cette canaille a rejoint l'autre monde. C'est un ordre.

Une lueur brille dans le regard du barbu.

— C'est un ordre qui me plaît beaucoup, *mi general* Pancho !

Dans un autre salon du même hôtel particulier, Francisco Madero se penche sur un écritoire d'acajou où s'empilent des messages de félicitations que lui ont adressés des sympathisants enthousiastes mais aussi des notables de Ciudad Juárez, soucieux de s'adapter à la nouvelle situation, et même les autorités américaines de El Paso. Un sourire ironique passe sur son visage : les temps ont bien changé depuis l'époque où les États-Unis finançaient et armaient les porfiristes et où leurs journaux tiraient à boulets rouges sur les bandits mexicains...

Madero a lui aussi entendu les cris. Il s'arrache à sa lecture et agite une sonnette. Un jeune homme en gilet et bras de chemise apparaît. Son secrétaire.

— Pourquoi cette agitation ?

— C'est à cause du général Navarro, *señor presidente*. Les nôtres veulent sa tête.

Madero frappe son écritoire du plat de la main.

— Il n'en est pas question ! Il sera jugé selon les lois de notre pays.

Le secrétaire a une petite moue.

— Je crains qu'il ne soit trop tard, *señor presidente*, Pancho Villa vient de donner l'ordre de le fusiller. Je l'ai entendu par la fenêtre !

— Où se trouve-t-il ? Il faut arrêter cela immédiatement ! Nous sommes une nation civilisée ! Tous les pays du monde nous observent !

Madero donne quelques ordres et le secrétaire repart en courant. Quelques instants plus tard, une dizaine d'hommes commandés par un officier madériste en uniforme font irruption dans la pièce du rez-de-chaussée où se trouve Navarro.

Le général vaincu les accueille avec morgue.

— Messieurs, je suppose que vous venez me

fusiller ? Allons-y, je suis prêt, qu'on en finisse rapidement, les cris de cette populace me fatiguent les oreilles.

— Mes ordres sont de vous protéger jusqu'à votre jugement, réplique sèchement le jeune officier.

— Très bien, alors il va me falloir encore supporter ces cris...

À cet instant apparaît le barbu, à la tête d'un autre détachement.

— Halte ! crie l'officier. Les ordres du président Madero sont de traiter le prisonnier selon les lois de la guerre. Il sera jugé.

— Les lois de la guerre ! ricane le barbu.

Néanmoins, il est troublé, car il respecte profondément le père de la révolution. Après un bref conciliabule avec ses hommes, il fait demi-tour. Il franchit la cour pavée, quand Villa le hèle à nouveau, de son balcon.

— Eh bien, tu n'as pas encore fusillé ce chien ?

— Le président Madero a ordonné qu'il soit jugé. Il a envoyé sa garde personnelle pour le protéger.

Villa rentre dans le salon et rapporte la nouvelle à Orozco.

— J'ai entendu. Navarro ne doit pas s'en tirer comme ça. Voilà ce que nous allons faire : toi et tes hommes, vous désarmez la garde de Madero, et moi je m'occupe de cette crapule.

— Très bien. Allons-y !

Villa dévale l'escalier et rattrape le barbu et ses hommes dans la cour.

— *Hola muchachos !* Venez avec moi !

Le jeune lieutenant madériste se place en travers de la porte, barrant le passage à Villa, il pose la main sur la crosse de son arme.

— Eh bien, *niño*, tu ne vas pas tirer sur le général Villa pour sauver ce massacreur !

L'officier hésite. Le barbu passe derrière lui, s'empare de son revolver. Ses subordonnés se laissent désarmer sans réagir. Villa, le Colt au poing, se dirige aussitôt vers la pièce voisine où est enfermé Navarro.

— Que fais-tu, Pancho ?

Il fait volte-face et se trouve nez à nez avec Madero.

— Toi aussi, tu te retournes contre moi ? Ne suis-je pas le chef de la révolution ?

Villa devient écarlate, il baisse son arme.

— Allons, cessons ce jeu, ordonne Madero sur un ton paternel. Et rends leurs armes à mes hommes, s'il te plaît !

Ils ressortent dans la cour où attend Orozco qui s'incline servilement devant Madero.

— Je m'inquiétais pour vous, *presidente*. Que se passe-t-il ?

Villa lance un regard noir à Orozco, mais tourne les talons sans prononcer un mot, suivi de ses hommes.

— Orozco joue double jeu, glisse-t-il quelques instants plus tard à Tomás Urbina, et je déteste les hommes qui jouent double jeu !

Villa et Urbina parcourent à cheval les rues de Ciudad Juárez, salués par les acclamations. Le sourire revient bientôt sur le visage de Villa. La chaleur de cet accueil efface peu à peu le souvenir de l'humiliation qu'il vient de subir.

— *Mi general ! Mi general !* J'ai à te parler ! crie un soldat.

Villa reconnaît un de ses compagnons.

— Quoi encore ? C'est maintenant l'heure de la fête.

— Nous avons un problème.

Villa donne une tape sur l'épaule d'Urbina.

— Va t'amuser, Tomás, je vais régler ce problème.

— Tu ne veux pas que je m'en occupe ?

— Non, non, je suis le général, c'est à moi de le faire.

Il suit le soldat jusqu'à une écurie où sont enfermés une douzaine d'officiers : l'état-major de Navarro.

Villa pénètre dans l'écurie. À sa vue, plusieurs officiers ont un mouvement de recul, d'autres affichent des airs indifférents ou arrogants. Un capitaine blessé qui porte un bras en écharpe fait face au chef révolutionnaire.

— Si vous devez nous fusiller demain à l'aube, nous avons au moins droit au repas du condamné ! Nous n'avons rien avalé depuis cinq heures ce matin.

Villa se frotte le menton.

— C'est ma foi vrai. Si leur chef échappe au peloton, ces hommes dont les crimes sont sans doute moins graves ont droit à certains égards. Qu'on leur prépare un repas convenable.

Le soldat qui l'a conduit jusqu'ici écarte les bras.

— Les provisions sont épuisées, nous n'avons rien à leur donner à manger. Nous ne pouvons tout de même pas dévaliser les habitants de Ciudad Juárez pour nourrir ces porfiristes !

Villa se croise les bras sur la poitrine.

— Très bien, je les invite au restaurant, à mes frais.

Le soldat hoche la tête.

— Je crains qu'il n'y ait aucun restaurant pour les accueillir. Les serveurs et les cuisiniers font la fête dans la rue et d'ailleurs ils n'accepteront jamais de servir ces gens-là !

— Va me chercher deux voitures !

Le soldat enfourche son cheval, sans chercher à comprendre et revient bientôt suivi de deux grandes berlines tirées chacune par quatre chevaux.

— *Señores*, déclare Villa sur un ton solennel, je vous demande votre parole d'officier...

Puis il s'incline et, d'un geste, invite les prisonniers à monter dans les voitures. Lui-même grimpe sur son cheval et prend la tête du cortège, qui traverse Ciudad Juárez et parvient bientôt à la frontière des États-Unis, toute proche, où un maigre détachement monte la garde.

— Où allez-vous ? demande l'officier américain.

— Dîner, répond Villa. Quel est le meilleur restaurant d'El Paso ?

— À mon avis, c'est *El Ranchero* mais ça n'est pas donné...

L'Américain leur indique la direction de l'établissement et le cortège repart. Les garçons d'*El Ranchero* portent des costumes noirs et de longs tabliers blancs, à la française. Ils jettent des regards surpris sur les officiers mexicains et surtout sur les guérilleros hirsutes qui les accompagnent. Mais, après tout, ce sont des clients comme les autres. Le maître d'hôtel s'incline devant eux.

— *Señores*, je vous prierais de laisser vos armes au vestiaire...

Villa accepte de mauvaise grâce d'abandonner son Colt, mais conserve son sombrero sur la tête, imité par ses hommes. On les installe à une table couverte d'une nappe blanche, ornée de fleurs et garnie de couverts étincelants.

— Que vont boire *los señores* ?

Villa commande des vins fins, du gigot d'agneau, et pour conclure ces agapes, du cognac.

Il offre des cigares cubains aux officiers qui se détendent, boivent, plaisantent au point d'oublier qu'ils dînent avec celui qui était le matin même leur pire ennemi.

Aux tables voisines, on se pousse du coude.

— C'est Pancho Villa, chuchote un personnage en smoking à son épouse, qui ajuste alors sans discrétion ses lunettes pour mieux dévisager ses voisins.

Un jeune homme blond en costume de tweed à martingale, dînant en tête à tête avec une beauté mexicaine qui porte une robe à pois rouges très décolletée et une fleur dans les cheveux, adresse un signe au serveur.

— Qui sont ces curieux convives ?

— Pancho Villa et ses prisonniers, si j'ai bien compris...

Le jeune homme abandonne sa compagne et se précipite à la table de Villa.

— Mon général, permettez-moi de me présenter. Bobby Willeford du *El Paso Morning Times*. Pouvez-vous m'accorder une interview ?

— Vous voyez bien que je dîne en compagnie de mes hôtes. Ce n'est pas le moment, répond Villa, la bouche pleine.

Le reporter ne veut pas le lâcher, c'est pour lui une occasion unique. Villa s'essuie la bouche avec un pan de la nappe.

— Dites seulement à vos lecteurs que, nous autres, révolutionnaires, nous sommes plus civilisés que nos ennemis, nous ne sommes pas des bêtes sauvages, nous nous conduisons en *caballeros* ! Jugez vous-mêmes : voyez comment nous traitons nos prisonniers. Croyez-vous qu'ils se seraient comportés de la même façon à notre place ?

Les officiers échangent des regards gênés mais ne protestent pas. Le reporter note fébrilement ces propos sur son calepin, puis questionne à nouveau le chef révolutionnaire qui commence à s'impatienter.

— Cela suffit maintenant. Nous avons mené une sacrée bataille aujourd'hui et je suis fatigué. Il est l'heure de rentrer à Ciudad Juárez.

Les officiers se dévisagent.

— Ce serait de la folie de retraverser la frontière avec cet homme, affirme un capitaine. Il va tous nous faire fusiller !

— *Señores*, rétorque un colonel, qui est l'officier le plus élevé en grade de la table, nous avons donné notre parole d'officier. Il convient donc de la respecter. (Il se tourne vers Villa.) Ce dîner était excellent, je vous en remercie au nom de tous mes camarades. Buvons une dernière fois à l'avenir du Mexique !

Il lève son verre de cognac. Tous l'imitent.

— À l'avenir du Mexique !

Un de ses compagnons pousse Villa du coude.

— Ils nous provoquent, ces porfiristes ?

— Laisse-moi leur répondre.

Il fixe tour à tour chacun des officiers puis le journaliste américain toujours présent.

— L'avenir du Mexique, c'est la révolution, la fin de la dictature, la fin de l'oppression et de l'esclavage des paysans, la fin de l'arrogance des riches et de la misère des pauvres. Ceux qui se préoccupent de l'avenir du Mexique peuvent rejoindre les rangs de la révolution. Ils seront bien accueillis.

Il se lève, lance une liasse de dollars sur la table, se dirige vers la sortie du restaurant où le maître d'hôtel lui restitue son Colt, puis tout le monde remonte en voiture et le cortège s'ébranle vers la frontière mexicaine.

Un dîner à El Paso

Extrait du El Paso Morning Times
Le 2 juin 1911
De notre envoyé spécial à Veracruz, Bobby Willeford

PORFIRIO DÍAZ QUITTE LE MEXIQUE

J'ai assisté hier 28 mai à l'embarquement de l'ex-président Porfirio Díaz sur le paquebot allemand Ipiranga *qui doit le conduire en France, pays qui lui a accordé l'asile politique et où il dispose, semble-t-il, à la fois d'excellents amis et de moyens financiers. Porfirio Díaz était arrivé la veille à bord d'un train spécial en provenance de Mexico, escorté seulement par ses gardes du corps et le général Victoriano Huerta.*
Rappelons que le président Díaz avait démissionné quelques jours plus tôt à la suite d'un accord signé à Ciudad Juárez entre ses représentants et Francisco Madero, par lequel il s'engageait à quitter le pays dans les plus brefs délais et désignait comme président provisoire du Mexique son ancien ministre des relations extérieures De la Barra, riche propriétaire terrien qui jouit de la confiance de l'Église catholique et sera sans doute le candidat des conservateurs lors des prochaines élections présidentielles [...]. Ce départ peu glorieux met fin à trente ans de dictature sanglante. Toutefois de nombreuses incertitudes...

Extrait du El Paso Morning Times
Le 12 juin 1911
De notre envoyé spécial à Mexico, Bobby Willeford

MADERO ACCLAMÉ À MEXICO

Francisco Madero a reçu hier un accueil enthousiaste des habitants de Mexico. Plus de cent mille personnes étaient descendues dans la rue pour acclamer celui qu'on nomme désormais l'apôtre, le père de la révolution mexicaine. Son train avait mis près d'une semaine pour parcourir le trajet Ciudad Juárez-Mexico en raison des très nombreux arrêts provoqués par les foules qui ont envahi les gares des villes et localités sur son passage. C'est accompagné de dizaines de milliers de manifestants que Francisco Madero s'est rendu au palais de Chapultepec pour un premier entretien avec le président provisoire...

Extrait du journal américain Globe*
Le 6 octobre 1911

UN ILLUMINÉ ACCÈDE À LA PRÉSIDENCE DU MEXIQUE

Un dément, un illuminé, un réformateur déséquilibré vient d'être élu à la présidence du Mexique. Le peuple a voté pour lui unanimement, le prenant pour un libérateur, un apôtre, un prophète. Pendant ce temps, les deux Mexicains les plus réalistes du pays, propriétaires terriens exemplaires et grands hommes d'État, le général Díaz et son ministre Limantour, ont été contraints de s'exiler en Europe comme de vulgaires tyrans hispano-américains. Nous avions jusqu'à présent ri de Madero et de ses idées, nous promettons de ne plus rire lorsqu'un autre illuminé du même genre se rebellera contre une dictature...

---

*. *Article authentique.*

Extrait du El Paso Morning Times
Le 8 novembre 1911
De notre envoyé spécial à Mexico, Bobby Willeford

MADERO S'INSTALLE À CHAPULTEPEC

C'est un cortège solennel qui a accompagné le président Francisco Madero du centre de la capitale mexicaine au palais présidentiel de Chapultepec, où s'est effectué la transmission des pouvoirs avec le président provisoire De la Barra. Candidat unique, Francisco Madero avait été élu triomphalement le 1er octobre dernier.
À toutes les étapes de cette prise de pouvoir, le président Madero a tenu à observer la légalité constitutionnelle la plus stricte. Il a aussi affiché sa volonté de réconciliation nationale et de paix sociale en licenciant les troupes révolutionnaires qu'il avait levées et en maintenant en place l'appareil d'État mexicain et son armée, de façon à garantir la sécurité de tous. L'assurance que le nouveau pouvoir ne porterait pas atteinte à leurs intérêts paraît avoir été donnée, aussi bien aux propriétaires terriens qu'aux sociétés étrangères installées au Mexique, et notamment aux compagnies pétrolières américaines.
La situation du président Madero, en dépit de son immense capital de popularité, ne semble pourtant pas aisée : le gouvernement dont il a annoncé la formation compte aussi bien des modérés et des conservateurs que des révolutionnaires extrémistes tels Pino Suárez (élu à la vice-présidence contre De la Barra). La présence au ministère de l'Intérieur d'un personnage tel que Abraham González, révolutionnaire de la première heure, originaire de Chihuahua et ami personnel de Pancho Villa, inquiète vivement les milieux d'affaires [...]. Au nord, les hommes de Pancho Villa paraissent avoir retrouvé la vie civile, mais le puissant général Pascual Orozco, un des artisans de la victoire madériste, pourrait donner du fil à retordre

au nouveau chef de l'État mexicain. Enfin, à l'ouest du pays, dans l'État du Guerrero, les guérilleros d'Emiliano Zapata n'ont pas désarmé. Aucun accord n'a pu être trouvé en effet entre le chef paysan, un métis indien nahua, et Francisco Madero, malgré une rencontre en tête à tête entre les deux hommes. Contrairement à Pancho Villa, Emiliano Zapata a refusé de déposer les armes tant que les terres qu'il estime appartenir à ses hommes ne lui auraient pas été restituées. L'échec de ces négociations a donc conduit le président Madero à envoyer contre les rebelles de Zapata une expédition punitive commandée par le général Victoriano Huerta, ancien membre de l'état-major porfiriste rallié au nouveau pouvoir.
Autant de difficultés que le président Madero devra s'atteler à résoudre...

X
PANCHO
DEVANT LE PELOTON

Sanglé dans sa vareuse kaki sur laquelle se croisent deux baudriers, coiffé d'une casquette plate à courte visière noire ornée d'un aigle, un général montant un splendide cheval bai parcourt le campement des troupes madéristes. Des lunettes noires dissimulent son regard. Sur son passage, les hommes détournent la tête, ils redoutent ses colères d'ivrogne. De temps à autre, l'officier lance sèchement quelques ordres, fait rectifier l'alignement des tentes ou déplacer les faisceaux de fusils, insulte un homme dont la tenue ne lui plaît pas.

— Qui est ce général dont la gueule ressemble à un groin de porc ? demande Tomás Urbina à un soldat.

Le soldat crache sur le sol.

— Un fils de chienne quelconque...

Tomás Urbina s'adresse un peu plus loin à un autre soldat.

— Qui est cette ganache qui se pavane ainsi ?

— Le général Huerta.

— Celui qui a escorté Díaz jusqu'à Veracruz et

pris en otage les familles des partisans d'Emiliano Zapata, brûlé des villages, fusillé des femmes et des enfants ?

— Celui-là même...

Urbina presse le pas en proférant des jurons et rejoint Villa qui se penche sur une carte d'état-major.

— Alors c'est ce fils de pute qui nous commande ?

— Ce sont les ordres du président Madero. Nous sommes ses soldats. Ce n'est pas pour mon plaisir que je les applique...

Sa fidélité à l'*apostol* [3] vient d'arracher Villa à la vie civile qu'il avait reprise à Chihuahua. Après avoir dissous ses troupes comme le lui avait ordonné le président, le général révolutionnaire avait tout bonnement rangé son Colt et son fusil pour chercher du travail, comme n'importe quel *peón*. Une première fois, après plusieurs années passées dans la sierra à guerroyer contre les *rurales* , il avait déjà tenté, dans cette même ville de Chihuahua, de reprendre sous un faux nom une existence de labeur paisible. Ouvrier maçon, il s'y était même fiancé à une certaine Lupita dont le père, patron boucher, l'appréciait beaucoup. Mais peu avant la noce, un capitaine de la police l'avait identifié, le contraignant à fuir de nouveau dans la montagne. C'est en souvenir de Lupita qu'il est revenu à Chihuahua et s'est associé à Urbina pour ouvrir une boucherie, mais Lupita est aujourd'hui mariée...

Dans sa boutique de la *calle 10*, Villa n'a jamais cessé de suivre la vie politique du Mexique ni de conserver des liens étroits avec ses *muchachos*. Il a senti venir la trahison de Pascual Orozco contre lequel il combat aujourd'hui.

Orozco n'est qu'un aventurier ambitieux, aigri de ne pas avoir été comblé d'honneurs et invité à participer au gouvernement. Villa a deviné tout de suite le caractère trouble de ce personnage et alerté Madero à diverses reprises. Pourtant Madero n'a tenu aucun compte de ces avertissements. Orozco s'est maintenant démasqué en s'insurgeant contre son ancien chef, avec la bénédiction des *terratenientes* qui voient en ce soulèvement l'occasion d'enterrer la révolution. Orozco a même tenté d'acheter Villa en lui proposant trois cent mille pesos pour se joindre à lui ! L'*apostol* s'est lourdement trompé sur Orozco, comme il se trompe aujourd'hui sur Huerta...

Villa chasse ces pensées pour pointer le doigt sur la carte.

— Vois, Tomás. Ils ont massé leurs forces autour de Jiménez. Nous attaquerons leur flanc droit.

Urbina se penche à son tour, fronce les sourcils.

— Huerta nous envoie à l'avant-garde et reste à l'arrière avec l'artillerie.

Villa demeure silencieux.

— Tu ne penses pas que ce fils de pute veut se débarrasser de nous ?

— C'est possible, mais ce sont les ordres. Nous les appliquerons et nous écraserons Orozco. Il y a beaucoup de *peones* dans ses rangs. Quand ils apprendront que Pancho Villa marche sur eux, ils refuseront de se battre.

— Espérons-le !

*

*   *

À l'aube, la cavalerie se met en route. En tête marchent Pancho Villa, Tomás Urbina, Rodolfo Fierro, Fidel Avila et Gorgonio Beltrán, reconnaissable au bandeau blanc qui ceint son front. Le Tarahumara et son compagnon ont échappé au peloton d'exécution grâce à la prise de Ciudad Juárez.

Villa vient se placer face à eux. Son regard parcourt les rangs de ces cavaliers sans uniforme, équipés d'armes disparates. Il y a là de vieux *peones* aux mains usées par le labeur et des jeunes gens à peine sortis de l'enfance.

— *Muchachos*, nous allons vaincre ou mourir. Soyez implacables avec l'ennemi.

D'un même mouvement les cavaliers brandissent leurs armes. Un même cri jaillit de toutes les poitrines.

— Viva Villa !

Un clairon sonne la charge.

Les hommes éperonnent leurs chevaux. Une série de petits nuages gris apparaissent devant eux : l'artillerie d'Orozco a déclenché son tir trop tôt.

Les canonniers de Huerta répliquent mollement. Les cavaliers foncent à travers le rideau de fumée soulevé par les explosions des obus.

À l'arrière, encadrés par des officiers impeccables, les troupes de Huerta restent l'arme au pied. Huerta lui-même s'est installé sur une colline, hors de portée des canons d'Orozco, d'où il observe la charge de la cavalerie villiste.

Huerta tend ses jumelles à son aide de camp, un petit lieutenant amidonné, tire une bouffée de sa cigarette de marijuana et ricane.

— Ces bouseux vont se faire hacher.

Le lieutenant hoche la tête, peu convaincu. Les *muchachos* ont déjà bousculé un premier bataillon et ils s'enfoncent en triangle au sein du dispositif ennemi.

— Il conviendrait de faire donner l'artillerie

et de rectifier le tir. Il est trop court, note le lieutenant. Nous risquons d'atteindre les nôtres.

— Inutile. Laissons-les s'égorger entre eux. Entre Villa et Orozco, tu vois une différence, toi ?

Le lieutenant ne réplique pas, il reprend les jumelles.

— Les autres se débandent, mon général. Je crois que c'est déjà terminé...

— Alors télégraphie à la présidence que nous venons de remporter la victoire.

— Dois-je préciser le rôle de la cavalerie du général Villa ? demande le lieutenant sur un ton ingénu.

— Qui est le chef, ici ? aboie Huerta.

Il prend dans la poche de poitrine de sa vareuse une fiasque d'argent qu'il porte à ses lèvres en rejetant la tête en arrière, puis adresse un signe au soldat qui tient son cheval par la bride. Celui-ci lui amène l'animal, puis tente de l'aider à s'installer en selle car le général empeste l'alcool et le soldat craint qu'on ne le rende responsable d'une chute.

— Je n'ai pas besoin de toi, imbécile !

Huerta rejoint bientôt son poste de commandement aménagé dans un wagon de chemin de fer. Un télégramme est posé sur son bureau. Il soulève ses lunettes pour le lire, mais sa vue se brouille.

— Lis-moi ça, commande-t-il à son aide de camp.

— Par ordre du président de la République, Francisco Madero, le général Pancho Villa, en raison de sa brillante victoire, est nommé général de brigade.

— Qui a informé Madero ? Toi ? crache Huerta.

— Non, je l'ignore, proteste le lieutenant. Peut-être son frère Raúl...

— C'est vrai, il nous a envoyé son frère dans les

jambes. Bien, alors fais venir Villa ici dès que tu lui auras mis la main dessus !

Le lieutenant enfourche son cheval et se lance à la recherche de Villa, qu'il trouve au milieu de ses hommes en train d'examiner un canon de 75 sans recul pris à l'ennemi.

Villa glisse sa main sur le fût d'acier qui sent encore l'huile — son servant n'a pas eu le temps de tirer un seul coup —, fait le tour de l'engin, manipule la manivelle, s'accroupit pour examiner la culasse, les roues.

— Ce sont les Yankees qui ont vendu ça à Orozco.

— Mon général, annonce le lieutenant, le général Huerta vous demande.

Villa se redresse, il est couvert de poussière.

— Ça peut attendre. Pour l'instant, je m'instruis. Et ensuite, j'ai l'intention de me reposer. Huerta, lui, ne doit pas être très fatigué...

Le lieutenant repart sans insister.

Le lendemain, Villa frais et dispos, rasé de près, vêtu d'une veste et d'un chapeau neufs, se présente au poste de commandement du wagon de chemin de fer. Huerta le reçoit assis à son bureau, ses lunettes noires sur le nez, une bouteille à portée de la main. Il ne répond pas à son salut ni ne l'invite à s'asseoir.

— Général Villa, j'ai deux nouvelles à vous apprendre, lâche-t-il d'une voix que l'alcool et le tabac ont cassée. Premièrement, vous êtes nommé général de brigade par ordre du président Madero. Félicitations.

Villa ne bronche pas.

— Deuxièmement, vous vous êtes rendu coupable d'insubordination.

— Pardon, mon général ?

— Je vous avais ordonné de vous présenter hier, et vous venez quand cela vous plaît ! C'est indigne d'un officier. La discipline et l'obéissance sont l'honneur de l'armée. Servir notre armée, cela n'est pas la même chose que de voler du bétail !

— La bataille m'avait épuisé, plaide Villa. J'avais de la fièvre.

Huerta soulève ses lunettes. Ses yeux sont injectés de sang. Il éructe.

— Je ne supporte pas l'anarchie et vous êtes un anarchiste, général Villa. Un anarchiste et un pillard. J'ai appris que vous avez volé pour votre usage personnel un poulain appartenant à mon ami le propriétaire terrien Pedraza ! J'exige qu'il lui soit restitué immédiatement.

— J'ignore de quel poulain il s'agit. De toute manière, les chevaux des *terratenientes* appartiennent au peuple !

— Vous ignorez de quel cheval il s'agit ! Vous vous moquez de moi, c'est celui que vous montez ! Vous êtes un misérable voleur de chevaux, comme votre complice Urbina que j'ai déjà fait arrêter ! Dans notre armée, le vol de chevaux est puni de mort. Gardes, à moi !

Une demi-douzaine d'officiers pénètrent dans le wagon, revolver au poing.

— Fusillez-moi immédiatement le général Villa ! hurle Huerta.

Les officiers dépouillent Villa de ses armes et l'entraînent hors du wagon malgré ses protestations. Une escouade de soldats commandés par un colonel est déjà en place. Un sergent marche jusqu'à un mur de la gare sur lequel il trace une croix, à la craie, puis revient se placer aux côtés de son détachement.

— Contre le mur !

Villa éclate en sanglots.

— J'ai combattu pour le président Madero, c'est injuste !

— Qui aurait cru voir un jour le tigre de Chihuahua se mettre à pleurer ! lâche avec mépris le colonel qui commande le peloton.

— Je ne pleure pas parce que je vais mourir, mais parce qu'on refuse de m'en donner la raison. Pourquoi le général Huerta veut-il me tuer ?

— Je ne suis pas chargé de discuter les ordres, dit le colonel.

— Alors mes amis, permettez-moi de vous embrasser et de vous dire adieu, moi qui ai combattu à vos côtés.

Il marche jusqu'au colonel qu'il prend dans ses bras, puis agit de même avec plusieurs soldats.

— Maintenant, ça suffit ! dit le colonel que ces démonstrations mettent mal à l'aise.

À cet instant des cris montent.

— Libérez Villa !

Des ouvriers des chemins de fer et des *peones* à qui est parvenue la nouvelle de l'exécution commencent à se rassembler. Un flottement se dessine dans les rangs des soldats. Le colonel hésite.

— Je vais aller faire confirmer mes ordres ! annonce-t-il à la foule qui grossit.

Il réapparaît quelques instants plus tard.

— Désolé, général Villa, mais le général Huerta exige que la sentence soit immédiatement exécutée.

Les cris d'indignation redoublent. Le sergent tente d'entraîner vers le mur Villa qui se débat avec la dernière énergie. Les soldats n'interviennent pas. Surgit alors un cavalier lancé au galop, qui vient se placer entre Villa et le peloton.

— Arrêtez ! Le président Madero vient de révoquer la sentence ! Je suis son frère Raúl.

Des acclamations saluent cette nouvelle. Villa tombe à nouveau dans les bras des soldats, les ouvriers veulent le porter en triomphe. Il salue la foule et retourne vers le wagon de Huerta dans lequel il pénètre.

— Allez-vous enfin m'expliquer pourquoi vous voulez me tuer ?

Huerta le fixe, à l'abri derrière ses lunettes noires, puis éclate d'un rire d'ivrogne.

Message adressé à
la présidence de la République du Mexique
Jiménez, le 4 juin 1912

Monsieur le président,

À cet instant part le train conduisant, sous bonne escorte, le général Pancho Villa jusqu'à la capitale. Le motif de l'arrestation et du procès engagé contre Villa est d'avoir commis des fautes graves au sein de la division placée sous mon commandement, telles que l'appropriation de biens et l'incitation à la rébellion. J'ai désarmé les trois cents hommes de Villa et les ai dispersés dans divers corps de la division, avec l'ordre que tout villiste qui se rebellerait soit immédiatement passé par les armes. J'ai accordé la vie sauve à Villa, alors qu'il se trouvait devant le peloton d'exécution, en raison de ses supplications et le mets à la disposition du ministère de la Guerre.
Je considère personnellement Villa comme un homme de la plus haute utilité, mais en ma qualité de chef de la division, je crois qu'il s'agit d'un homme très dangereux, en raison de son refus de toute discipline qui porte hautement préjudice au bon fonctionnement d'une armée régulière.

Général Victoriano Huerta

Après avoir pris connaissance de ce courrier, Francisco Madero, sans marquer une seconde d'hésitation, écrivit en marge du texte « À transmettre au ministère de la Guerre pour qu'il procède selon la loi », puis il appela son secrétaire et lui remit la lettre du général Huerta avec l'ordre de la faire suivre.

XI
ÉVASION À MEXICO

La prison militaire de Santiago Tlatelolco occupe un ancien cloître que dominent les deux clochers de sa chapelle espagnole. Dans ses épaisses murailles blanchies à la chaux s'ouvrent les étroites fenêtres grillagées des cellules exiguës jadis occupées par les moines, où les détenus ne trouvent qu'un bat-flanc, un seau et, pour les plus chanceux, une petite table en bois et un tabouret. Auprès de ces cachots lugubres, la cour de promenade, avec ses arbres et ses galeries ombragées, apparaît comme un endroit fort agréable aux prisonniers qui peuvent s'y rencontrer, bavarder, jouer aux cartes, échanger des objets et des informations, comploter.

Villa est pourtant insensible au charme de ce promenoir. Il tourne depuis huit jours comme un lion en cage.

— Général Villa ?

Perdu dans d'amères pensées, il n'a pas vu approcher son interlocuteur : un jeune homme de petite taille dont il remarque les yeux noirs, très brillants, dans un visage imberbe.

— Permettez-moi de me présenter. Je suis le général Gildardo Magana — général est un bien grand titre pour moi : je n'étais que maître d'école avant de rejoindre Emiliano Zapata. J'ai entendu parler des exploits de la « terreur de Chihuahua »...

Magana s'interrompt et entraîne Villa sous une arcade.

— Voyez-vous ces deux hommes ?

À l'autre extrémité de la cour, deux élégants personnages marchent à petits pas, en devisant, les mains dans le dos. Leurs costumes bien coupés, leurs bottines cirées, leurs chaînes de montre en or laissent difficilement deviner qu'ils sont eux aussi prisonniers.

— Je ne suis ici que depuis une semaine. Je ne connais encore personne.

— Ce sont les généraux Reyes et Díaz, des porfiristes. Felix Díaz est le propre neveu du dictateur. On les traite ici comme des papes : appartements privés, visites quotidiennes, repas livrés par les meilleurs restaurants.

— Eh oui, soupire Villa, la révolution est bien ingrate pour ses fils ! Je ne comprends pas ce qui m'arrive et ce dont on m'accuse.

— Les présidents passent, mais le pouvoir reste entre les mains des *terratenientes*, sous Juárez comme sous Porfirio Díaz et Madero. Ce qu'il nous faut, c'est un autre genre de révolution, non pour remplacer un ami du peuple par un autre, mais pour nous débarrasser des exploiteurs !

— Mais c'est une révolution de ce genre que nous a promis Madero !

— Madero a beaucoup trop peur d'offenser les propriétaires. Il creuse sa propre tombe. Regarde comment il traite un homme comme toi !

Villa hoche la tête.

— Madero n'est pas au courant. On le trompe.

— Non Pancho, des hommes comme toi et Zapata ne doivent servir de marchepied ni à Madero ni à personne d'autre ! Ils doivent eux-mêmes guider le peuple vers la victoire et la liberté !

— Ce n'est pas possible, nous ne sommes pas assez instruits. Je sais à peine lire... À ce propos, puis-je te demander un service ?

— Avec joie.

— Je voudrais écrire une lettre au président Madero.

*

*   *

Assis sur un tabouret, Villa se penche sur une table de bois. Le mince filet de soleil qui filtre au travers de l'étroite ouverture grillagée frappe les pages jaunies et cornées de son livre. Il interrompt un instant sa lecture pour contempler rêveusement la couverture criarde de l'ouvrage quand grince la porte de sa cellule. D'un mouvement de reins, il pivote sur son siège pour faire face à son visiteur : un moustachu d'une cinquantaine d'années, assez fort, qui porte un costume sombre, un col rond et dur, une cravate de soie fixée par une épingle en or dont la tête a la forme d'un fer à cheval.

— Pardonnez-moi de vous déranger, général Villa, je vois que vous êtes en train de lire...

L'homme jette un œil curieux sur le livre que vient de refermer Villa.

— *Les Trois Mousquetaires* d'Alexandre Dumas... C'est un bon livre ? demande-t-il, du ton courtois qu'on emploie dans un salon.

— Je n'ai pas les moyens de comparer, répond sèchement Villa, c'est le premier que je lis.

— Ah...

— Le général Magana m'apprend à lire.

Cet aveu suscite sur le visage gras du visiteur une brève expression de malaise, vite dissipée par un sourire un peu forcé.

— Je suis le général Felix Díaz. Je suppose que vous avez entendu parler de moi.

— Et bien davantage de votre oncle que j'ai combattu de toutes mes forces !

— Je le sais. Comme je sais que vous êtes un soldat de premier ordre. Madero vous en est bien peu reconnaissant ! C'était pure folie de suivre cet illuminé qui vient de manifester son ingratitude. Je vais être direct. Je suis venu vous faire une proposition.

— J'écoute.

— Vous joindre à nous. Nous allons renverser Madero. Mais nous, nous ne vous duperons pas comme il l'a fait. Nous sommes des *caballeros*. Nous vous récompenserons en vous donnant tout ce dont un homme peut rêver : de l'argent, une hacienda, des terres, de jolies femmes....

— Dehors ! Vos propositions ne m'intéressent pas.

Díaz sort à reculons, en souriant.

— Réfléchissez, Pancho ! Vous risquez de le regretter.

Villa reprend sa lecture, mais le cœur n'y est pas et il a du mal à se concentrer. Il grimpe sur son tabouret, tend le cou. Sa fenêtre donne sur une courette déserte, relativement facile à atteindre, trois mètres plus bas, s'il n'y avait l'obstacle infranchissable représenté par les barreaux. De plus Villa ignore où mène cette cour...

Dès l'heure de la promenade, il retrouve Magana.

— Eh bien, demande le zapatiste, as-tu progressé ?

— Il y a plus important. Les porfiristes conspirent contre Madero, ici même, aux yeux des gardiens, en toute liberté. Il faut l'alerter !

Magana prend Villa par le bras.

— Sois raisonnable, Pancho. Madero n'a pas répondu à une seule de tes lettres. Probablement qu'elles vont au panier...

— Si elles vont au panier, ce sont ses secrétaires qui les y jettent. L'*apostol* n'est pas au courant.

— La foi aveugle ne recule pas devant la logique, soupire l'ancien maître d'école. Nous allons écrire cette lettre. Ou plutôt, tu vas l'écrire, car tu en es maintenant capable.

— Tu crois ? s'inquiète Villa.

— J'ai eu de plus mauvais élèves...

Les deux hommes font encore quelques pas côte à côte, sous les arcades qui encadrent la cour. Plusieurs prisonniers saluent Villa qui est maintenant connu et respecté de tous.

Un soldat s'approche de lui.

— Général Villa. Veuillez me suivre : vous êtes convoqué par le juge.

Villa emboîte le pas du soldat qui le conduit dans une pièce austère, où un très jeune homme en costume gris est assis derrière un lourd bureau de bois, sous une photo représentant Madero en train de saluer la foule, debout à l'arrière d'une longue voiture décapotable.

— Asseyez-vous, général Villa, je vous en prie.

Au lieu de prendre le siège qu'on lui désigne, Villa s'avance jusqu'au bureau sur lequel il s'appuie bras tendus en fixant son interlocuteur dans les yeux.

— Le juge s'intéresse enfin à mon cas ?

— À vrai dire, ce n'est pas le juge qui s'intéresse à vous. C'est moi.

— Comment cela ?

Le jeune homme lui tend une feuille de papier pliée en quatre.

— C'est pour vous, mon général.

Villa déplie le message.

Ami Pancho,

Les nuages s'amoncellent et les ennemis de la révolution relèvent la tête. Fais confiance au porteur de ce mot. Tes amis t'aideront. Celui qui a commencé à t'apprendre à lire dans la calle 10.

— Abraham González, murmure Villa entre ses dents. Mais Abraham González est aujourd'hui ministre. Qui sait si les honneurs ne l'ont pas transformé ? Qu'est-ce qui me prouve que ce n'est pas un piège ?

Le jeune homme soutient le regard inquisiteur de Villa.

— Mon nom est Carlos Jaúregui. Je suis le secrétaire du juge. Vous pouvez vous renseigner sur mon compte, mon général.

C'est bien ce que Villa a l'intention de faire. Il écrit à son frère Hipólito, qui vient lui rendre visite quelques jours plus tard en compagnie de Tomás Urbina, lequel a été libéré peu de temps auparavant. Tous deux lui confirment que le message vient effectivement d'Abraham González.

— Abraham insiste pour que tu t'évades le plus vite possible. Les généraux porfiristes préparent un coup d'État. Díaz et Reyes sont au centre du complot et Huerta les appuie probablement. Maintenant que tu as refusé de les rejoindre, ils n'hésiteront pas à te faire assassiner.

Le lendemain Carlos Jaúregui convoque à nouveau Villa dans son bureau.

— Je suis prêt à te faire confiance, *niño*, mais si tu me trahis, je te tue ! avertit Villa.

Cette déclaration fait briller les yeux du jeune secrétaire.

— Il n'y a pas de temps à perdre, mon général. Nous allons organiser votre évasion pour Noël. C'est le moment le plus opportun. D'ici là, j'ai pensé que vous souhaiteriez avoir de quoi vous occuper...

Jaúregui sort une mallette de dessous son bureau, la pose sur la table, l'ouvre.

— Une machine à écrire. J'ai entendu dire que vous écrivez beaucoup de courrier. C'est très pratique.

Villa examine la machine, pianote sur ses touches.

— Un Colt me serait plus utile pour m'évader !

— Je vous en procurerai un en temps utile.

Escorté par le soldat, Villa regagne sa cellule avec sa machine à écrire. Il se familiarise rapidement avec son clavier, au point que ses voisins l'entendent parfois pianoter tard dans la nuit. Il envoie lettre sur lettre à Madero qui ne lui répond toujours pas.

La veille de Noël, Jaúregui se présente à la porte de la cellule de Villa. Sous son bras il porte un paquet soigneusement ficelé.

Le soldat de permanence fronce les sourcils.

— Je n'ai pas de temps à perdre. Je suis le secrétaire du juge !

Le garde déverrouille la porte. Jaúregui entre et tend le paquet à Villa.

— Je vous attendrai à minuit dans mon bureau. Vous connaissez le chemin.

Villa ouvre le paquet et découvre, sous un saucisson et des gâteaux, une scie, une bouteille d'acide, une bouteille d'huile et une boîte de cire noire.

— À quoi servent l'huile et la cire ?

— L'huile permet de scier les barreaux sans faire de bruit et la cire de les remettre en place et de dissimuler la trace de la scie.

— Comment as-tu appris ça, *chico* ?

— Quand on travaille pour un juge, on apprend beaucoup de choses, mon général. Tous les prisonniers connaissent cette technique qui est consignée fidèlement dans la plupart des rapports d'évasion. Il n'y a que les gardiens pour être assez stupides et se laisser abuser...

Villa rit de bon cœur.

— Et ensuite, comment sortirons-nous ?

— Je m'en occupe. Que Dieu vous garde, mon général !

À la promenade, Villa aborde son voisin de cellule, un jeune lieutenant puni pour avoir blessé le colonel de son régiment au cours d'un duel. Le duelliste est, comme Pancho, originaire du Nord, et fils de *peón*. Il ne dissimule pas l'admiration qu'il nourrit pour la « terreur de Chihuahua ».

— Veux-tu me rendre un grand service, Ricardo ?

— À vos ordres !

— Tu vas prendre ma machine à écrire et taper sans t'arrêter...

— Mais, je n'ai rien de particulier à écrire !

— Fais seulement ce que je te dis, et n'en parle à personne.

Sitôt leurs cellules réintégrées, le lieutenant se met à taper comme un forcené et Villa entreprend de scier les barreaux. La tâche est plus rude et plus longue qu'il ne s'y attendait, mais après une heure de travail acharné il parvient à sectionner le premier barreau puis à le desceller. Il le remet soigneusement en place avec la cire, attaque le deuxième. Quand la nuit tombe, le troisième et dernier barreau résiste encore, et Villa a les mains en sang. Au crépitement de la machine à écrire s'ajoutent maintenant les chants des détenus qui ont commencé à festoyer avec les victuailles apportées par leurs familles.

Le premier coup de minuit sonne à la chapelle de la prison lorsque Villa enjambe la fenêtre et se laisse glisser le long du mur. Il se rétablit sans difficulté sur le sol de terre battue, puis court jusqu'à une porte qui, selon Jaúregui, doit être déverrouillée.

Il tourne la poignée. Cette porte semble bien avoir été fermée à double tour... Villa insiste, en vain, puis jette un œil autour de lui. Dans la demi-obscurité, il s'est trompé de porte ! Il traverse la cour et cette fois pousse le battant qui s'ouvre devant lui sans résistance. Il parcourt un long couloir sombre, monte un escalier, en redescend un autre, croise un soldat ivre qui chante à tue-tête sans se préoccuper de lui, et trouve enfin le bureau du secrétaire du juge.

— Habillez-vous vite ! presse Jaúregui.

Sur le bureau sont soigneusement posés un costume trois pièces et un sombrero noir. Villa se change sans un mot.

— De quoi ai-je l'air ?

— De ce que vous êtes désormais, mon général, un *licenciado*[4]. Ce costume vient de chez un très bon tailleur.

Jaúregui lui tend une serviette de cuir, qui contient cette fois deux revolvers, cent cartouches et un passeport au nom du *licenciado* Martínez.

— Au moins, ils ne m'auront pas vivant !

Les deux hommes s'engagent dans les couloirs de la prison. Des cellules et des salles de garde leur proviennent des cris et des chants. Personne ne leur barre le passage et ils se retrouvent très vite dans la rue. Villa lève le nez vers le ciel et les maisons qui l'entourent, respire un grand coup.

— Ne traînons pas !

Une petite Ford noire est rangée derrière l'angle d'une rue adjacente. Jaúregui fait monter Villa, tourne la manivelle. Le moteur se met aussitôt à ronronner.

La Ford s'élance dans les rues de Mexico où elle ne croise que quelques cortèges de fêtards. Pourtant, un peu plus loin, une patrouille militaire barre le passage avec une herse. Jaúregui s'arrête, en laissant tourner son moteur.

Deux soldats s'approchent, leur Mauser pointés sur les passagers de la Ford, suivis par un officier ganté.

— Vos documents, *señores*, s'il vous plaît ?

Les doigts de Villa se crispent sur le revolver caché dans la serviette.

L'officier examine les papiers qu'on lui tend, puis se penche pour voir les passagers. Son regard glisse sur les cols immaculés, les cravates, les costumes de tissu anglais. Il restitue leurs passeports aux deux *caballeros* et leur adresse un salut impeccable.

— Bonne route et bonnes fêtes, *señores licenciados* !

Villa se laisse aller sur la banquette. La Ford repart.

— *Licenciados*, ça produit toujours son petit

effet, plaisante Jaúregui pour dissimuler la tension qui l'habite.

— Tu as de bonnes idées. Quand j'aurais repris Chihuahua, je te confierai un poste important, *chico*. Je ne sais pas... Directeur de la loterie, ça te conviendrait ? C'est bien payé et il n'y a pas grand-chose à faire...

— Pourquoi pas...

— Où me conduis-tu ?

— Toluca. J'ai des amis dans cette ville. Nous nous y cacherons quelques jours, le temps que cessent les recherches, et ensuite nous prendrons le train pour Manzanillo.

— Et après ?

— Nous embarquerons pour les États-Unis, c'est la seule solution pour être en sécurité.

— Les États-Unis ! commente rêveusement Villa, ça me rappelle un bon gueuleton que j'ai fait à El Paso avec ces chiens de porfiristes. Et ça me donne faim.

XII
TIERRA
Y LIBERTAD !

Ville frontière, El Paso est le lieu de tous les trafics. On y vend les marchandises les plus diverses, des armes, des femmes. Les exilés mexicains de tous bords s'y côtoient et colportent les plus folles rumeurs. Villa ronge là son frein depuis des mois, en compagnie de Tomás Urbina et Carlos Jaúregui.

— Je m'ennuyais moins en prison, dit-il un jour à Urbina, qui vient de le rejoindre à la terrasse d'une *cantina*. Sais-tu pourquoi ? J'avais ma machine à écrire. Son bruit me rappelait celui d'une mitrailleuse.

Villa rit, mais Urbina demeure de marbre. Pour toute réponse, il tend un exemplaire du *Chicago Times* à son compagnon.

Villa le repousse d'un geste.

— La lecture me fatigue.

Alors Urbina se met à lire à haute voix.

De notre correspondant à Mexico, Bobby Willeford
Le 3 mars 1913

MORT DE FRANCISCO MADERO

Après les combats de rue qui ont ensanglanté Mexico, et deux jours après que le général Victoriano Huerta se fut proclamé président de la République, on apprend que le président élu du Mexique, Francisco Madero et son vice-président, Pino Suárez, ont trouvé la mort le 22 février dernier au cours d'une fusillade. Selon les collaborateurs du général Huerta, Francisco Madero aurait tenté de s'enfuir pendant son transfert du palais présidentiel de Chapultepec à la prison, et c'est pour prévenir cette tentative de fuite que les soldats chargés de le surveiller auraient ouvert le feu sur lui. Les conditions exactes de ces événements dramatiques sont cependant encore peu claires [...].
Le nouvel homme fort du Mexique, Victoriano Huerta, peut compter sur l'appui des milieux d'affaires comme sur celui de l'ambassade des États-Unis. Un député mexicain, Luis Manuel Rojas, a toutefois accusé notre ambassadeur Henry Lane Wilson d'être l'instigateur du coup d'État et de l'élimination de Francisco Madero, dans une déclaration dont nos lecteurs pourront trouver un extrait dans nos pages intérieures.
Les relations entre les États-Unis et le Mexique...

— Arrête, je ne veux pas en entendre davantage ! hurle Villa. Je ne resterai pas plus longtemps dans cette ville. Je veux combattre sur-le-champ ces fils de chien ! Nous franchirons la frontière demain matin.

À l'aube du 6 mars 1913, huit cavaliers armés seulement de Colt et de Winchester traversent le río Grande.

Après avoir suivi le fleuve pendant près de deux heures, ils arrivent en vue d'un petit village dont les maisons blanches dominées par une église espagnole trapue s'étagent sur la berge. Un enfant coiffé d'un chapeau de paille, monté sur un âne, vient à leur rencontre et se trouve bientôt nez à nez avec le premier cavalier de la file. Le gosse fait faire demi-tour à sa monture, la fouette et débouche au galop sur la place du pueblo.

— Pancho Villa est de retour !

Hommes, femmes et enfants sortent des maisons, dans les champs les paysans abandonnent leur travail pour revenir en courant au village. La rumeur se répand comme une traînée de poudre. Quand les huit cavaliers pénètrent dans le village, c'est toute la population qui les salue aux cris de « Viva Villa ! »

Villa fait avancer son cheval au milieu de la place. Pantalons de vacher, courte veste de toile blanche, sombrero blanc, il est vêtu comme le sont la plupart des hommes rassemblés ici. Sans sa Winchester, sa cartouchière et son Colt, il pourrait être un de ces *peones*. Et c'est ce que ressentent ceux qui l'acclament.

Il attend que les cris aient cessé, puis lève le bras.

— *Amigos*, le général Huerta, cette hyène, a assassiné le président Madero, l'*apostol* de notre révolution. Les porfiristes et les *terratenientes* se sont vengés de celui qui les avait fait trembler. Nous ne laisserons pas ce crime impuni. Et nous n'attendrons pas non plus qu'on nous donne la terre et la liberté, nous les prendrons nous-mêmes !

Une ovation lui répond. Des hommes qui ont combattu dans les rangs des madéristes brandissent déjà leurs fusils.

— *Muchachos*, ceux qui veulent me suivre doivent savoir que la lutte sera longue et rude. *Tierra y libertad o muerte !*

— *Tierra y libertad o muerte !* renchérissent les villageois.

Quelques heures plus tard, après s'être reposée et restaurée, la petite troupe de Villa repart. Elle compte maintenant quarante-trois hommes. Et lorsqu'elle atteint un second village, à la tombée du jour, les combattants madéristes auxquels se sont jointes de nouvelles recrues ont déjà désigné leur chef qui accueille Villa dans sa maison.

— Je ne peux à moi seul parcourir toutes les villes et villages du pays pour lever mon armée. Tu vas envoyer des émissaires à Guadalupe, Sierra Blanca, Guzman, Villa Ahumada et tous les villages alentours pour annoncer que la nouvelle armée de Pancho Villa est en marche !

Le lendemain matin, alors qu'il selle son cheval, un cavalier couvert de poussière traverse au galop la place du village pour venir s'arrêter devant lui. L'homme saute à terre. Sous son chapeau, il porte une bande tachée de sang enroulée autour du crâne. Villa reconnaît un de ses partisans de la première heure.

— Ignacio ! D'où viens-tu ainsi ?

— De Chihuahua, mon général. Les nouvelles ne sont pas bonnes. Les porfiristes relèvent la tête. Les sbires de Huerta se sont emparés du palais du gouverneur et ont fait la chasse à tous les madéristes connus de la ville. J'ai réussi à leur échapper, mais beaucoup des nôtres ont été tués, leurs cadavres traînés dans les rues sous les huées des riches. Ils ont pris Abraham González et ces lâches l'ont attaché sur la voie du train de Los Mochis.

Abraham González ! Son maître à penser, celui qui l'a engagé dans la lutte révolutionnaire. Villa devient rouge de colère et brandit son arme.

— Je les pendrai tous, jusqu'au dernier ! En route, *muchachos* !

*

*　　*

Extrait du Chicago Times
Le 24 mars 1913
De notre envoyé spécial au Mexique, Bobby Willeford.

LES BANDITS MEXICAINS FONT RÉGNER LA TERREUR AU NORD DE CHIHUAHUA

L'insécurité grandit dans toute la région comprise entre la frontière et la ville de Chihuahua, que les troupes qui ont rallié le général Huerta paraissent avoir du mal à contrôler. Au cours de ces derniers jours, plusieurs propriétés ont été pillées et incendiées par des bandes armées. Aux environs de Santa Clara, la magnifique hacienda de la famille Rodríguez a ainsi été pillée le 15 mars dernier, malgré la résistance courageuse d'une poignée de soldats et de serviteurs. Les bandits, auxquels se sont joints, semble-t-il, une partie des ouvriers agricoles de la propriété, ont fait main basse sur le bétail et divers biens. Ces sauvages se sont acharnés sur les malheureux propriétaires, leur régisseur et deux contremaîtres qu'ils ont pendu après leur avoir fait subir divers sévices.
Par ailleurs, un train venant de Torreón a été pris d'assaut après avoir été immobilisé par un sabotage de la voie ferrée. Ce train convoyait la solde de la garnison de Chihuahua dont se sont emparés les malfaiteurs qui ont, selon toute vraisemblance, bénéficié de complicités.
Les rumeurs les plus folles courent dans tout le nord du Mexique sur la formation d'une armée dont le fameux bandit Pancho Villa, éphémère général de l'armée madériste, aurait pris la tête. Ces informations invérifiables ont soulevé un vent de panique : de nombreux propriétaires fonciers se sont réfugiés avec leurs familles

et leurs biens les plus précieux dans les villes protégées par de solides garnisons telles que Chihuahua, Parral, Torreón, Ciudad Juárez...

Télégramme adressé au général Huerta
Chihuahua, le 26 mars 1913

Mon général,
*Selon les informations reçues, le hors-la-loi Villa se serait manifesté à la fois au nord, au sud, à l'ouest et à l'est de l'État, parfois en différents lieux en même temps. Il n'a donc pas été possible de le localiser avec certitude pour le moment**.

Général Alvaro Azueta
Commandant de la garnison

Extrait du Chicago Times
Le 27 mars 1913
De notre correspondant au Mexique, Bobby Willeford

UN ANCIEN MINISTRE DE MADERO
SE REBELLE CONTRE HUERTA

Au cours d'une réunion tenue dans une hacienda de Guadalupe, dans l'État de Coahuila, Venustiano Carranza, gouverneur de cet État s'est proclamé « premier chef de la révolution » (sic) et a annoncé son intention de soulever le Mexique contre « l'usurpateur Huerta ».
Venustiano Carranza, qui fut sénateur à l'époque de Porfirio Díaz et ministre de la Guerre du premier

* *Télégramme authentique*

gouvernement de Francisco Madero, espère rallier à son insurrection une partie des officiers de l'armée fédérale, à qui il a promis de conserver leurs grades, ancienneté et solde, à condition que leur ralliement s'effectue dans les trente jours.
Cette rébellion d'une personnalité importante vient donc s'ajouter à l'insécurité que font régner au nord du pays les bandes de Pancho Villa et à l'ouest celles d'Emiliano Zapata [...].

*
* *

— Halte !

Quatre guérilleros encadrent le cavalier qu'ils viennent de surprendre sur le petit chemin qui conduit au village d'Hormigas, au nord de Chihuahua. Leurs fusils sont braqués sur sa poitrine.

L'homme écarte les mains, pour montrer que ses intentions sont pacifiques. Il a d'ailleurs l'allure d'un paisible bourgeois ou d'un fonctionnaire, avec son melon et sa cape de drap gris. Les *muchachos* le fouillent et ne trouvent sur lui qu'un pistolet nickelé de fabrication britannique qui paraît peu redoutable face à leurs Mauser. Le voyageur se laisse faire de bonne grâce. Son élégant sac de cuir ne contient qu'un peu de linge et un livre.

— *Señores*, j'ai un message pour le général Villa, annonce-t-il au terme de cette inspection.

On lui rend son dérisoire pistolet et on l'entraîne au galop vers le centre du village, où a été installé le quartier général. Les cinq cavaliers traversent le campement constitué de tentes hétéroclites, de bâches tendues sur des arbres. Beaucoup d'hommes dorment encore, enroulés dans leurs couvertures, car le soleil jette à peine ses premières lueurs sur les toits des maisons blanches. Au passage, le messager s'étonne de constater que les partisans de Villa sont si nombreux et qu'ils disposent de canons. Des caisses de munitions prises à l'ennemi ou achetées à des trafiquants américains de El Paso s'entassent un peu partout, en désordre.

Les quatre *muchachos* font signe au messager de s'arrêter devant un arbre contre lequel est assis un homme emmitouflé dans un poncho bariolé, son sombrero rabattu sur le visage.

— Il dort, constate l'un des cavaliers. Vous allez devoir attendre son réveil, *señor*.

Mais Pancho Villa se redresse brusquement, rejette son chapeau en arrière, toise l'arrivant qui descend de cheval et s'incline poliment.

— Général Villa ?

Villa se contente de plisser les yeux en continuant de dévisager l'autre.

— Mon nom ne vous dira rien, mais je suis le secrétaire personnel du gouverneur Venustiano Carranza, le premier chef de l'armée constitutionnaliste.

Cette annonce fait naître un petit sourire sur le visage de Villa qui croise les bras et s'adosse à son arbre.

— Et d'où tient-il ce titre ?

Mal à l'aise, le secrétaire bafouille, puis décide d'éluder cette question impertinente.

— Venustiano Carranza est actuellement à Piedras Negras, d'où je viens moi-même. Son but est de rétablir la constitution et de chasser le traître Huerta et sa bande d'assassins. Il a établi à Guadalupe, le 26 mars dernier, un plan en sept points dont je suis chargé de vous remettre un exemplaire. Tous ceux qui souscrivent à ces sept points peuvent se joindre à lui...

Avec un geste solennel, il tend un pli à Villa, qui l'ouvre et le parcourt.

— Il n'est question ici que de lois, de Constitution, de gouvernement et d'élections. Je ne vois rien qui concerne la terre et les paysans.

— Chaque chose en son temps, général Villa ! Ensuite, lorsque nous aurons chassé Huerta, nous entreprendrons de grandes réformes sociales, mais dans l'immédiat, il convient d'unir toutes les forces contre l'usurpateur. Les propriétaires terriens et les industriels représentent une force importante qu'il serait maladroit de dresser contre nous.

— J'ai déjà entendu ce discours. Pourquoi don Venustiano s'adresse-t-il à moi ?

— Comme je viens de l'expliquer, il a besoin de toutes les forces vives du pays. Francisco Madero, le président légitime, vous a nommé général de brigade. Don Venustiano vous confirme dans ce grade et est même prêt à vous accorder celui de général de division.

— C'est très aimable de sa part, sourit Villa.

— Ce qui suppose d'accepter son commandement. Don Venustiano vous enverra plusieurs de ses officiers pour vous épauler...

Villa se rapproche de son interlocuteur, jusqu'à placer son visage tout près du sien, et lève un doigt irrité.

— Nous exigeons notre pleine indépendance sur le plan militaire. Nous n'avons besoin de personne pour nous apprendre à combattre, ni Venustiano Carranza ni qui que ce soit d'autre. Nous avons dans nos rangs des hommes courageux et expérimentés qui méritent amplement le grade de général. Si votre patron a des généraux en trop, qu'il les garde ou les renvoie chez eux, nous n'en voulons pas !

Le secrétaire recule prudemment.

— Très bien, je rapporterai ces exigences à don Venustiano. Mais je dois vous transmettre une autre de ses recommandations : l'armée constitutionnaliste doit respecter les propriétés et les biens. Or le bruit court... Mais ce sont sans doute des rumeurs...

— Je vois, s'emporte Villa. Ce Carranza a besoin d'alliés pour prendre la place de Huerta, mais comme lui il nous considère comme des bandits et des pillards. Mais dites-moi, *señor*, votre premier chef de l'armée est-il en mesure de verser une solde à mes hommes, de nous procurer des armes, des munitions, des chevaux, du matériel de toute sorte, tout ce dont a besoin une armée en campagne ? S'il est capable de nous fournir tout cela, je m'engage formellement à ne pas prendre une seule tête de bétail à un propriétaire sans son autorisation...

Le messager fait encore un pas en arrière, face à Villa qui continue à avancer sur lui avec un air menaçant.

— C'est que... Il est sans doute encore trop tôt pour pouvoir régler de façon satisfaisante toutes ces questions matérielles, mais je transmettrai vos requêtes, général Villa, soyez en assuré, je les transmettrai fidèlement.

Villa s'écarte de lui en ricanant, prend à témoins ses quatre *muchachos* qui suivent l'entretien sans broncher et se mettent à rire avec lui.

— Il est trop tôt, selon vous ! Mais comment croyez-vous que j'ai réuni ici plus de deux mille hommes en moins d'un mois ? Et sans attendre les consignes de Venustiano Carranza ! Était-il aussi trop tôt ? Allez donc le lui demander !

XIII
UN MARIAGE

— Pourquoi me regardent-ils de cette façon ?

Contrairement à leurs habitudes, les villageois détournent la tête au passage de Villa, les visages se ferment.

— Ce sont peut-être des partisans de Huerta, suggère Urbina.

Villa hausse les épaules.

— C'est ridicule. Ce sont des *peones*. Je les connais. Nombre de leurs frères combattent dans nos rangs.

Les deux hommes descendent côte à côte une ruelle de terre battue qui serpente entre de petites maisons dont les habitants groupés sur le pas des portes demeurent étrangement silencieux.

— Pourquoi ne me saluent-ils pas ? s'énerve Villa. Toi, va leur demander !

Urbina accepte, de mauvaise grâce. Il descend de son cheval et avise un vieux *peón* voûté assis sur une chaise de paille.

— Pourquoi la population de ton village ne fête-t-elle pas l'arrivée du général Villa qui vient de remporter de grandes victoires sur l'armée du traître Huerta ? Ne voulez-vous pas vous aussi la terre et la liberté ?

— Bien sûr que si, fait le vieux. Si j'en avais encore la force, je prendrais un fusil pour me joindre à vous.

— Tu n'as pas répondu à ma question.

Le vieillard jette un œil en direction de Villa qui attend et observe la scène, perché sur son cheval.

— Le général Villa est assurément le défenseur des pauvres et des paysans, mais...

— Explique-toi !

— C'est une affaire gênante...

Urbina abandonne le vieux, qui rentre dans sa maison, et il remonte sur son cheval aux côtés de Villa.

— C'est une affaire de femme, d'après ce que j'ai compris...

— Eh bien quoi, j'ai séduit l'épouse d'un de ces gars ? Qu'il vienne s'expliquer en homme devant moi !

— C'est à lui qu'il faut le dire, Pancho. Pas à moi.

Depuis qu'il a franchi le río Grande, Villa ne compte plus ses compagnes d'une nuit. Aucun mari, frère ou père jaloux ne lui en a tenu jusqu'à présent rigueur. Alors, pourquoi ces villageois lui réservent-ils un accueil aussi froid ?

Les deux hommes poursuivent leur chemin et arrivent bientôt devant la maison d'une veuve qui a déjà hébergé Villa lors de ses précédents passages. Cette veuve ne peut pas être la cause de cette hostilité car il n'entretient avec elle que des relations purement amicales. Elle leur ouvre sa porte, mais son accueil est aussi froid que celui des habitants du village.

Villa prend cependant place dans le siège qu'elle pousse devant lui et accepte les tortillas qu'une jeune fille lui apporte dans une serviette chaude en détournant son regard. Il remarque alors le ventre gonflée de la gamine, qui n'a pas plus de treize ou quatorze ans. Le regard d'Urbina croise le sien.

— Tu ne vas pas me dire...

— Pancho, tu as passé plusieurs nuits ici et ta réputation n'est plus à faire...

— Mais c'est une enfant !

Villa se dresse, furieux, et exige qu'on le laisse seul avec la petite.

— Explique-toi, *muchacha !* Pourquoi as-tu osé raconter que je t'avais fait ça ?

La gamine fond en larmes.

— On m'a demandé de le dire, avoue-t-elle en reniflant.

— Qui te l'a demandé ? Ta mère ?

— Non, ce n'est pas ma mère, je vous le jure !

— Qui alors ?

— Le *padre*...

— Le *padre* ! Et c'est lui qui...

Elle incline affirmativement la tête.

— Très bien, alors le *padre* va savoir qui est Pancho Villa, s'il l'ignorait jusqu'à présent !

Villa dégaine son Colt et se dirige à grandes enjambées vers la porte qui donne sur la rue. La petite le rattrape, se pend à sa veste.

— Je vous en supplie, mon général, ne le tuez pas !

— Suis-moi, *muchacha*, et vous aussi ! commande-t-il à la mère et à Urbina.

Il fait monter la gamine en amazone sur son cheval, devant lui, et s'élance au galop dans les rues du village, sous les regards ahuris des habitants. Urbina, sa surprise passée, prend la veuve en croupe et fonce sur ses traces.

Parvenu devant le perron de l'église, Villa met pied à terre puis traîne la jeune fille à l'intérieur de l'édifice, où Urbina et la veuve pénètrent à sa suite.

La nef est vide. Seules deux vieilles en noir prient devant des cierges placés dans une petite chapelle, dans un coin, tandis qu'un bedeau boiteux donne un coup de balai dans l'allée centrale. Celui-ci lève le nez et fronce les sourcils à l'arrivée de Villa qui n'a pas retiré son sombrero et brandit toujours son Colt 45.

— Toi, fais sonner les cloches !

— Mais, ce n'est pas l'heure. Il n'y a pas d'office.

— Fais sonner les cloches, comme pour un mariage !

Le bedeau hésite puis considère l'impressionnant revolver à barillet et se dirige en claudiquant vers la corde. Les cloches se mettent à résonner joyeusement. Dès les premiers coups, plusieurs curieux pointent leurs nez.

— Faites rassembler tout le village ! ordonne Villa.

Le curé apparaît bientôt. C'est un petit curé grassouillet au teint rose. Il commence à protester, mais Villa lui place le canon de son arme sur le bout du nez.

— Il va falloir réparer, *padre* !

— Comment cela, réparer ?

— Tu oses faire semblant d'ignorer ta faute, hypocrite ! Et en plus, tu accuses Pancho Villa qui ne peut pas se défendre de tes calomnies car il est au front en train de combattre Huerta ! Mais peut-être es-tu toi-même un partisan de Huerta ?

— Absolument pas, je suis un fidèle partisan de la Constitution ! proteste prudemment le curé.

— Quoi qu'il en soit, tu vas réparer ta faute sur-le-champ.

Villa se tourne vers la foule qui commence à affluer dans l'église.

— Allons, prenez place sur les bancs. Vous allez assister à un mariage. N'y a-t-il personne pour jouer de l'orgue ?

Un de ses hommes se propose, un grand gaillard moustachu bardé de cartouchières.

— J'ai été enfant de chœur, mon général, je sais en jouer.

— Alors joue-nous un air qui convienne à un mariage.

Le guérillero s'assoit devant le clavier, règle son tabouret et attaque la marche nuptiale. Villa, satisfait, consent à rengainer son Colt. Les villageois massés sur les bancs et dans le fond de la nef observent la scène bouche bée.

— Le *padre* va prendre pour épouse cette jeune personne qu'il a engrossée, annonce Villa.

— Mais c'est impossible, proteste le curé d'une voix blanche. Je suis prêtre.

— Eh bien, tu n'es plus prêtre. Ou tu es un prêtre marié. Au choix. Si tu répares ta faute, Dieu te pardonnera sans doute...

Il fait avancer le curé devant l'autel, puis la jeune fille.

— Très bien, répète après moi : je prends pour épouse... Ah ! il nous faut des témoins : Rodolfo, Tomás !

Un jeune *peón* sort de la foule, s'approche de Villa et lui chuchote quelques mots à l'oreille.

— C'est ma foi juste. Il ne peut pas se marier tout seul. Il nous faut un autre prêtre. Allez m'en chercher un !

Une vingtaine de minutes s'écoulent, au son de la marche nuptiale que joue sans discontinuer l'ancien enfant de chœur, puis deux *muchachos* entrent dans l'église en poussant devant eux le curé du village voisin, terrorisé.

Les villageois demeurent toujours muets. Villa se tourne à nouveau vers eux.

— Un mariage, c'est une fête, *amigos* ! Il faut se réjouir !

Et d'un seul coup, le cri de « Viva Villa » résonne sous la nef, tandis que l'organiste attaque une fois de plus la marche nuptiale.

— C'était une belle cérémonie ! commente un peu plus tard Villa, hilare, alors qu'il traverse la place de l'église, à cheval, entre Fierro et Urbina.

Parmi la foule qui maintenant l'acclame et qu'il salue avec son chapeau, il remarque une femme brune, plus réservée, qui se tient un peu à l'écart mais ne le quitte pas des yeux.

Il la fixe. Elle soutient son regard sans ciller.

— Je crois que je vais, moi aussi, me marier ce soir.

XIV
REPORTAGE
À TORREÓN

Adossée à une grille, la sentinelle roule une cigarette de *macuche*, quand une silhouette se dessine à l'extrémité du chemin qui conduit à l'hacienda. Le soldat plisse les yeux, saisit son fusil et le braque en direction de l'inconnu qui se rapproche d'un pas égal. C'est un grand jeune homme blond qui a tout l'air d'un *gringo*. Il porte un costume froissé dont il est difficile de deviner la couleur sous la pellicule de poussière grise, et une chemise sans col qui a dû être blanche. Au bout de son bras gauche pend une boîte plate et rectangulaire mais il ne semble pas armé. Rassurée, la sentinelle abaisse son fusil.

— Où vas-tu, *amigo* ?

— Je voudrais voir le général Villa, répond l'inconnu avec un effroyable accent nord-américain.

— Et crois-tu qu'on dérange le général Villa comme ça ?

— Je viens de très loin...

— À pied ?

— On m'a volé mon cheval.

La sentinelle hoche la tête. Quelle idée de voyager seul dans un pays ravagé par la guerre ? Ce Yankee sale et mal rasé ne doit pas avoir toute sa raison.

— Qui es-tu pour demander à rencontrer le général Villa ? Sais-tu à qui tu as affaire ? Le général Villa commande une armée de trente mille hommes. Il n'a pas le temps de rencontrer le premier étranger venu.

Le *gringo* lui tend un rectangle de bristol. Le soldat le prend, le porte devant ses yeux un instant, bien qu'il ne sache pas lire, mais le visiteur n'est pas dupe.

— Pourquoi ne pas remettre cette carte à votre chef ?

— Je vais voir ce que je peux faire, mais si vous êtes un espion, je vous conseille de filer tout de suite, sinon vous ne ressortirez pas vivant d'ici !

La sentinelle pousse un cri. Un garçon d'une douzaine d'années armé d'un fusil plus grand que lui accourt.

— Panchito, cours donner ce carton au colonel !

— Lequel ? Quel colonel ?

— N'importe lequel. Et toi, attends ici.

Le garçon repart en courant. Un quart d'heure s'écoule, puis il réapparaît en compagnie d'un soldat moustachu.

— Le général Fierro veut vous voir.

Rodolfo Fierro attend sur le perron de l'hacienda. C'est un homme de forte carrure, au nez busqué, aux cheveux noirs et drus plantés très bas sur le front, de type plus indien qu'hispanique. Il toise l'arrivant en agitant devant lui le rectangle de carton.

— John Reed, reporter au *Metropolitan Magazine* de New York. C'est vous qui voulez rencontrer le général Villa ?

Le journaliste observe à son tour l'homme qui lui fait face, sanglé dans une vareuse ornée des étoiles de général, un lourd revolver sur la hanche. Son regard est dur. Reed maîtrise le sentiment de répulsion que le personnage suscite en lui pour se forcer à sourire.

— J'ai apporté un appareil pour le photographier. C'est la seule chose qu'on ne m'a pas volée depuis mon entrée au Mexique !

— Vous oubliez une chose plus importante, *amigo*, votre vie ! À moins que vous teniez davantage à votre machine ?

Fierro invite Reed à le suivre à l'intérieur.

— C'est une belle demeure, observe l'Américain en levant les yeux vers le plafond.

— Je vois que vous regardez les lustres. Ils sont très solidement accrochés. C'est là que nous avons pendu le propriétaire de cette hacienda.

Il l'entraîne dans une vaste salle d'où proviennent des chants et des cris. Une vingtaine d'hommes sont installés autour d'une immense table qui porte encore les reliefs d'un plantureux repas.

— Voici un *gringo* qui vient de New York pour rencontrer Pancho Villa ! annonce Fierro.

— Alors il faut le fusiller immédiatement ! propose un petit homme trapu dont l'œil gauche disparaît sous un bandeau. Tous les Yankees sont des espions !

Un capitaine veut à toute force que Reed lui montre son appareil photo. Posément, le reporter ouvre la boîte contenant sa chambre Neadorf, déplie le soufflet, cadre le capitaine qui brandit son sabre de cavalerie et fait mine de prendre la photo.

— Alors, on le fusille demain matin ou on le pend tout de suite ? insiste le colonel ivre.

Un troisième officier, qui paraît de meilleure composition, consulte sa montre.

— Je dois me présenter au général Urbina d'ici une demi-heure. Pourquoi ne pas emmener le journaliste américain avec nous ?

Fierro, Reed, le capitaine amateur de photo et deux colonels montent donc dans une longue Packard décapotable dont un lieutenant barbu prend le volant. À la sortie de l'hacienda, la voiture s'engage sur une route de terre battue qui traverse des champs de maïs puis une agglomération de petites maisons construites en adobe d'aspect misérable, abandonnées par les familles de *peones* de l'hacienda et occupées par les soldats de l'armée constitutionnaliste. La route est parsemée de trous remplis d'eau boueuse, car la veille il a plu à torrent. À la sortie du village, la voiture s'embourbe. Le chauffeur tente en vain de repartir mais ses roues patinent sur la terre détrempée, son moteur cale.

— Nous sommes trop lourds ! constate un des passagers.

— Ce n'est pas un problème, ricane Fierro.

Le général dégaine son revolver.

— Il existe un moyen très simple d'alléger la voiture. Je vais tuer le *gringo*, ainsi nous ne serons plus que cinq !

Reed le dévisage. Il n'a pas l'air de plaisanter.

— Attendez, je peux vous aider à pousser la voiture !

— C'est une bonne idée, acquiesce Fierro.

Tous descendent et, aidés par des soldats, parviennent à sortir la voiture de l'ornière. Le moteur hoquette, renâcle, puis finalement repart après quelques coups de manivelle infructueux. Soldats et passagers saluent ce démarrage par des acclamations bruyantes. Fierro flanque une grande claque dans le dos de Reed.

— Nous voilà avec un cheval de plus ! Et un cheval américain !

Après un quart d'heure de route, la Packard atteint une voie ferrée. Un train immobilisé apparaît dans la lumière des phares. Une agitation désordonnée règne autour du convoi.

Sur les toits des wagons campent des femmes et des enfants encombrés de poules, de cochons et de bagages. Tout le long du ballast, des groupes de soldats ont allumé des feux autour desquels ils dansent et chantent avec des *soldateras* sans se soucier de leurs camarades endormis un peu plus loin. D'autres soldats s'emploient à décharger des caisses de munitions et des sacs. Certains sont en guenilles, d'autres relativement bien vêtus, quelques-uns arborent des uniformes presque entiers, des bottes, des capes, des képis pris à l'armée fédérale.

— Suis-moi, *gringo* ! ordonne Fierro.

Ils se frayent un chemin au travers de la foule, croisent des blessés portés sur des civières de fortune. Un homme dont la jambe n'est plus qu'un moignon enroulé dans des pansements ensanglantés se tord de douleur sur le sol.

Deux de ses compagnons le soulèvent et le traînent jusqu'à un wagon aménagé en hôpital de campagne où des infirmières débordées s'activent autour de tables d'opération et d'appareils de transfusion. Le matériel médical est de fabrication américaine, et relativement récent.

Fierro conduit Reed jusqu'à un homme robuste, de taille moyenne, la peau sombre et la barbe en bataille, qui porte lui aussi les étoiles de général.

— Le général Urbina, annonce-t-il. Tomás, ce *gringo* se dit journaliste et veut photographier Pancho Villa !

Reed lui tend ses papiers. Urbina les repousse.

— Je ne sais pas lire. Et après avoir vu Villa, que ferez-vous ? Vous écrirez des mensonges ?

— Je veux assister à la bataille qui se prépare.

— C'est dangereux. Nous verrons ce que dira Pancho. Je vous emmènerai peut-être avec moi à la bataille, mais d'ici quelques jours. Pour l'instant, allez donc manger quelque chose.

Reed, à contrecœur, accepte cette invitation. Fierro et Urbina l'abandonnent pour se consacrer à des tâches inconnues. Le *gringo* se retrouve donc seul au milieu des soldats. Après avoir tourné un moment à la recherche de Villa, il emprunte une couverture dans laquelle il s'enroule et trouve bientôt le sommeil. Les cris des

hommes et des animaux, les sifflements de locomotive le réveillent à l'aube, mais il demeure allongé, engourdi par le froid, jusqu'à ce qu'on le secoue sans ménagement.

— Tu veux voir Pancho Villa ?

Un grand gaillard se penche sur lui. Ses yeux ne sont que de minuscules fentes.

— Je suis le lieutenant-colonel Pablo Seánez, l'aide de camp du général Fierro.

Il lui tend une bouteille d'*aguardiente* dont Reed, mal réveillé mais prudent, se force à avaler une petite gorgée.

Les soldats sont déjà au travail, ils s'emploient à faire descendre des wagons des mules et des chevaux. Un soldat grimpe dans la voiture, monte sur un cheval et pousse les animaux devant lui en hurlant. Les bêtes jaillissent du wagon, manquant de piétiner les soldats qui se transforment en *vaqueros* en faisant tournoyer leurs lassos. Un animal particulièrement rétif donne de violentes ruades dans toutes les directions, de sorte que les hommes s'en tiennent prudemment éloignés,

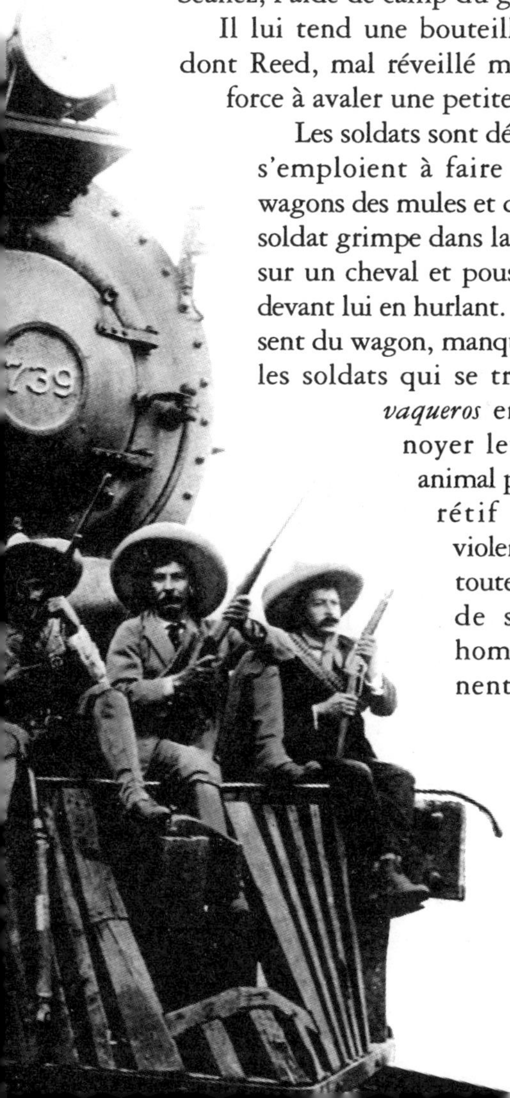

jusqu'à ce que l'un d'eux se saisisse du licol, chevauche la bête et parvienne à la mater sous les vivats de la foule. Son exploit accompli, l'homme s'empare d'une gourde qu'un de ses compagnons porte à la ceinture et la vide à grandes rasades, malgré les protestations de l'autre.

— Va la remplir à la rivière ! Tu diras que c'est un ordre du général Villa !

Les yeux brillants de satisfaction, Villa se retourne vers les arrivants. Sa tunique sale et couverte de poussière, à laquelle manquent plusieurs boutons, ne le distingue guère des soldats.

— Ainsi vous êtes le journaliste de New York ? Venez avec moi !

Il l'entraîne d'un pas rapide vers un wagon rouge dont des rideaux dissimulent les fenêtres. Une cloison le divise en deux parties. D'un côté les cuisines, de l'autre le logement et le bureau d'état-major. Le regard de Reed glisse sur les photos d'actrices qui entourent un grand portrait de Carranza et deux autres, plus petits, de Fierro et de Villa.

Villa se laisse tomber sur un lit pliant en bois et fait signe à Reed de s'asseoir en face de lui sur un lit semblable.

— J'ai connu un journaliste américain, à El Paso, Bobby Willeford. Je lis régulièrement ses articles. Il raconte beaucoup de mensonges et d'âneries. Vous le connaissez ?

— De nom seulement. C'est un opportuniste. En ce qui me concerne, je suis de tout cœur de votre côté contre la dictature !

Villa le scrute, comme pour essayer de deviner ce que vaut cette profession de foi enthousiaste.

— Je n'ai pas beaucoup de temps, *amigo*, nous allons déclencher la bataille pour prendre Torreón.

Ensuite, nous écraserons le général Mercado à Chihuahua ! Obregón et Zapata remportent des victoires de leur côté. Ce sera bientôt la fin de Huerta. Il pourra aller rejoindre son maître Porfirio Díaz, si nous ne lui collons pas douze balles dans la peau avant ! Vous savez que Huerta a voulu me faire fusiller ?

— Que ferez-vous quand la révolution sera terminée, général Villa ? Vous resterez à la tête des armées ?

Les petits yeux de Villa se mettent à briller.

— Quand la révolution sera terminée, il n'y aura plus besoin d'armée. Je retournerai cultiver la terre et nous construirons des écoles. Oui, des écoles, pour que chaque *peón* profite de l'instruction réservée aujourd'hui aux riches.

— Plus d'armée ? Et si les États-Unis attaquent le Mexique ?

— Nous autres, Mexicains, nous sommes plus courageux que les Américains et nous avons notre terre à défendre ! Nous saurons nous battre de façon plus efficace que l'armée de Huerta ! Nous sommes en train de le prouver. Quand les paysans auront conquis la terre, ils ne se la laisseront plus arracher !

— Et vous pensez que Venustiano Carranza, qui est lui-même un aristocrate et un grand propriétaire terrien, donnera la terre aux paysans ?

Villa marque un temps d'arrêt, sans cesser de fixer Reed.

— Venustiano Carranza est le chef suprême des armées constitutionnalistes. Je lui obéis. Avez-vous une dernière question ? Mes hommes m'attendent...

— Pas une question, une requête. Mon général, je voudrais un cheval pour suivre l'avant-garde à la bataille.

Villa éclate de rire.

— Les chevaux sont trop précieux pour les gaspiller ainsi. Je n'en ai pas assez pour chacun de mes hommes. Et je ne souhaite pas qu'un journaliste américain se fasse tuer. Vous resterez à l'arrière !

À la sortie du wagon, Reed croise un homme d'allure plus militaire avec sa casquette plate, ses moustaches en pointe, son baudrier et son col officier : le général Felipe Ángeles, transfuge de l'armée huertiste, qui commande l'artillerie de la division du nord.

Ses canons ne tardent d'ailleurs pas à gronder. Ils pilonnent les positions de l'ennemi qui s'est enterré dans de profondes tranchées autour de Torreón. Toute la matinée, un terrible duel d'artillerie fait rage. Hors de portée des tirs ennemis, les trains de Villa servent de base de repli ; des centaines de blessés affluent vers les wagons hôpitaux où les chirurgiens opèrent sans relâche. Cette organisation ne manque pas d'impressionner le jeune reporter américain.

Si elle conserve l'enthousiasme et le désordre qui caractérisaient les guérilleros de Villa, la division du Nord fonctionne comme une armée moderne. Ses services sanitaires sont aussi bien équipés et plus efficaces que ceux des fédéraux : grâce au matériel acheté aux États-Unis, ils sont en mesure de procéder à des transfusions sur le champ de bataille, ce qui ne s'était encore jamais vu !

Pourtant, à la nuit, lorsque Reed réussit, en dépit des consignes de Villa, à se rapprocher du champ de bataille, les constitutionnalistes sont en déroute. Des centaines d'hommes démoralisés ont jeté leurs couvertures, leurs sacs, et même leurs fusils pour fuir plus vite. Le journaliste croise aussi des milliers de paysans portant leurs enfants et quelque maigres balluchons, les «pacifiques», qui tentent de fuir la zone des combats.

— C'est perdu ! crie un blessé. Nous avons en face de nous des milliers de *rurales* avec des mitrailleuses. Ils ont creusé tout un réseau de galeries pour nous prendre à revers. Les fédéraux vont sortir de leurs abris d'un instant à l'autre pour nous poursuivre. Ne restez pas ici ! Filez vite vers les trains !

Reed hésite, avance encore un peu, rencontre un canon abandonné intact, avec ses munitions, par ses serveurs. Au loin la fusillade faiblit.

À cet instant trois cavaliers arrivent au galop.

— Retournez au combat, *muchachos* ! Ils ne sont pas sortis des abris ! s'époumone Villa.

Infatigable, il rameute ainsi les combattants jusqu'au milieu de la nuit, menaçant parfois de faire fusiller les officiers qui continueraient à reculer. En face, les huertistes ont commis l'erreur de ne pas poursuivre leurs assaillants en déroute, craignant sans doute une manœuvre de l'habile stratège qu'est Pancho Villa : n'a-t-il pas déjà, à plusieurs reprises, simulé une retraite afin de tendre une embuscade aux fédéraux ?

Quand le soleil jette ses premières lueurs sur les arbres déchiquetés et les champs dévastés par les obus, la débâcle a été endiguée : les combattants sont prêts pour un nouvel assaut. Reed se retrouve au milieu de la brigade Juárez, au pied des premières fortifications de Torreón. Les hommes qui se préparent à attaquer n'ont pas de fusil. Le journaliste s'en étonne.

— Les fusils sont inutiles pour notre façon de combattre. Les ordres sont d'escalader le mur et de leur expédier ça.

Un *peón* sans uniforme lui montre une bombe : une cartouche de dynamite cousue dans une enveloppe de cuir de laquelle dépasse une mèche. Un officier passe devant les lignes avec un cigare allumé.

— Allumez vos cigarettes et ne mettez pas le feu à vos mèches avant d'être au pied de la muraille !

— Combien de temps avant l'explosion ?

— Suivez-moi, je vais vous montrer. Vous verrez bien...

Villa, qui ne fume jamais, est là, devant ses hommes, un cigare allumé dans une main, une bombe dans l'autre. Il se dirige calmement vers les fortifications ennemies, tous se lèvent et le suivent.

Le cri de « Viva Villa » jaillit comme une explosion.

Et tous se ruent à l'assaut de la muraille.

*

* *

La bataille a duré plus de deux jours et deux nuits. Les vagues de *peones* armés de cartouches de dynamite se sont brisées sur les fortifications huertistes puis ont fini par les submerger, ouvrant le passage au corps d'élite de la division du Nord : les cinq cents cavaliers de Villa ont semé la terreur dans les rangs des fédéraux. Torreón est maintenant tombée aux mains des révolutionnaires.

Trois cents prisonniers sont enfermés dans un corral. Ce sont des *colorados*, des partisans du général Orozco qui, après avoir participé au combat contre Porfirio Díaz, ont rejoint Huerta. Aux yeux des villistes, ce sont des traîtres. Les simples conscrits ou même les officiers qui veulent rallier la cause révolutionnaire sont accueillis avec indulgence sinon avec bienveillance, mais pour les *colorados*, il n'y a pas de pardon !

Le parc à bestiaux où sont gardés les prisonniers compte deux enceintes concentriques de briques. Accompagné de son ordonnance, Rodolfo Fierro pénètre dans le corral, parcourt du regard les rangs des prisonniers silencieux, puis retourne dans la seconde enceinte de l'enclos, gardée par un détachement de cavaliers. L'ordonnance étend une couverture sur le sol et y vide des boîtes de cartouches.

— Envoie-moi les dix premiers ! ordonne Fierro, et dis-leur que je leur tirerai dessus dès qu'ils apparaîtront. Ceux qui pourront atteindre la clôture et sauter par-dessus seront libres. S'il y en a un qui ne veut pas entrer, tu le descends.

Les groupes de prisonniers se succèdent. Fierro tire sans arrêt en utilisant ses deux revolvers à six coups, que l'ordonnance recharge et lui tend à un rythme infernal sans même regarder tomber les hommes que ses balles vont tuer.

Le massacre va durer une heure. Les derniers condamnés s'élancent au milieu des monceaux de cadavres, ils sont douze. Un seul parviendra à franchir la clôture...

XV
LE TRÉSOR DU BANQUIER

Une foule agitée se presse dans le hall lambrissé du palais du gouverneur de Chihuahua et jusque sur ses marches. Il y a là des combattants barbus et moustachus avec quatre rangées de cartouchières sur les épaules, de simples *peones* en costume blanc avec leur chapeau de paille, des mineurs en habit de travail de cotonnade bleue, mais aussi de fringants officiers coiffés de sombreros galonnés d'or traînant des sabres de parade aux poignées tarabiscotées. Certains sont fraîchement ralliés aux constitutionnalistes. On voit encore de beaux messieurs en costume anglais, portant le melon ou le canotier. Chacun joue des coudes pour essayer d'approcher l'escalier de marbre encadré de colonnades qui conduit au bureau de Pancho Villa. Une douzaine de soldats aux mines farouches le gardent. Tous ont de bonnes raisons de rencontrer sur-le-champ celui qu'on surnomme maintenant le « centaure du Nord » et qui s'est proclamé gouverneur militaire de la province de Chihuahua, depuis qu'il a écrasé les troupes du général huertiste Mercado.

Un groupe d'hommes bien mis parvient enfin à franchir le barrage. Ces notables dissimulent leur malaise lorsque le nouveau maître de Chihuahua les reçoit assis derrière son bureau, un pied posé sur la table, sans la moindre marque de respect, vêtu de son uniforme kaki fripé, sale et déboutonné. Celui qui paraît être le chef de cette délégation tousse pour faire remarquer sa présence et s'avance.

— Mon général, vous venez de décider d'attribuer vingt-cinq hectares de terre à chaque citoyen mâle de l'État. Cette décision est généreuse, elle vous honore, mais...

— Mais ? demande Villa.

— Mais elle lèse gravement les intérêts d'autres citoyens qui ont loyalement soutenu les forces constitutionnalistes.

Derrière lui, les autres opinent du bonnet. Villa se lève et se met à marcher autour du bureau, les mains dans le dos.

— *Señores*, vous tenez votre sort entre vos mains. Si vous êtes des partisans de Huerta, faites vos prières car je vais vous faire fusiller immédiatement. Mais si vous êtes des amis de la révolution, vous n'avez absolument rien à craindre.

— Nous sommes des amis de la révolution, des ennemis mortels du traître Huerta, protestent en chœur les dignitaires.

— Fort bien, mais comment allez-vous prouver cette fidélité à la cause révolutionnaire ? Les paysans ont besoin de terre, les soldats de chevaux, de munitions, de vêtements, de nourriture, et il faut de l'argent pour acheter des armes. Le moins que je puisse attendre de vous, c'est de sacrifier vos fortunes à la révolution...

Des murmures embarrassés accueillent cette déclaration.

— Serait-il possible que je me sois trompé et que j'ai affaire à des ennemis ?

Nouvelles protestations.

— Nous soutiendrons la révolution par tous les moyens dont nous disposons.

— J'y veillerai !

D'un geste, Villa les renvoie.

— Fais venir les suivants ! commande-t-il à son aide de camp.

Entre un petit homme gris et barbichu.

— Mon général, je suis le greffier du tribunal de San Paolo.

— Et alors ?

— Je viens à propos de l'affaire de don Diego.

— Il est inutile de m'ennuyer davantage avec cette histoire ! J'ai déjà reçu ses avocats. Don Diego Garza a soutenu et financé les amis de Huerta. Je ne veux plus en entendre parler.

— Mais le juge de son district vient de prendre une décision ! insiste le greffier.

— Et alors ?

— Il a décidé de suspendre l'affaire jusqu'à plus ample instruction. Voici d'ailleurs le texte que vous adresse le juge.

Villa jette un œil distrait sur le document qu'on lui tend et marmonne entre ses dents :

— Suspendre l'affaire, très bien...

Il chuchote quelques mots à l'oreille de son aide de camp puis part d'un grand rire.

— Vous direz au juge, aux avocats de don Diego et à ses autres amis que l'affaire est suspendue... à un arbre !

— Pardon, mon général ?

— Jetez un œil par la fenêtre.

— Mais c'est illégal, vous ne pouvez pas le pendre ainsi ! proteste le greffier effaré.

— J'aurais aimé que vous manifestiez autant d'intérêt pour tous les révolutionnaires et les *peones* que Mercado a fait pendre avec le soutien de don Diego, réplique sèchement Villa. Sortez, si vous n'avez pas envie que je vous fasse suspendre, vous aussi !

Il reçoit ensuite diverses délégations d'habitants de la ville qu'il écoute avec bienveillance.

— Vous n'avez pas à vous inquiéter, les soldats ne toucheront pas un cheveu de vos femmes et de vos enfants. Ils vont vous aider à remettre la ville en marche, à faire fonctionner les tramways, la centrale électrique, le téléphone, l'eau, et tout ce dont vous avez besoin. Le premier de mes hommes qui sera pris à se soûler ou à piller sera fusillé ! Vous pouvez le faire savoir dans la ville !

Ses auditeurs repartent satisfaits mais sceptiques : jamais une armée ne s'est conduite de cette façon...

— Je commence à en avoir assez de recevoir tous ces gens ! déclare Villa à son aide de camp. C'est plus fatigant que de faire la guerre.

— Il y a encore le banquier Terrazas qui demande à vous rencontrer.

— Que veut-il ?

— Il espère sans doute être libéré...

Luis Terrazas apparaît entre deux soldats. La mine défaite, le visage gris mangé par une barbe de deux jours, sans cravate, le directeur de la Banque minière, l'homme qui passe pour le plus riche de Chihuahua, a perdu l'arrogance qu'il affichait avant la prise de la ville.

— *Señor*, si vous voulez retrouver la liberté, il faudra rendre l'or que vous avez volé au peuple ! annonce Villa.

Terrazas prend une mine suppliante, se tord les mains de douleur.

— La richesse de ma famille n'est plus qu'un lointain souvenir, mon général. Nos maisons, nos terres, nos biens, notre bétail, notre argent, tout a été pris par les soldats depuis longtemps. Me demanderiez-vous seulement mille pesos en échange de ma vie que je serais dans l'incapacité de vous les donner. Vous avez devant vous un indigent. Vous pouvez me pardonner ou m'exécuter, cela m'est désormais égal.

Villa écoute silencieusement cette plaidoirie, puis fait venir un de ses conseillers, un professeur.

— Toi, Raúl, qui es cultivé, essaie de persuader cet homme de rendre ce qui appartient au peuple.

Un peu surpris, le professeur entreprend néanmoins de donner une leçon de morale révolutionnaire au banquier. Peine perdue, Terrazas réitère ses dénégations : il n'a plus un peso. Villa chasse le professeur.

— Cela suffit, cet homme est sourd aux bons sentiments. Fierro saura le convaincre mieux que toi !

Rodolfo Fierro et deux de ses hommes emmènent donc Terrazas et le pendent par les pieds à l'arbre d'où n'a pas encore été décroché le cadavre de Diego Garza. Le banquier gesticule, supplie, promet de donner son or aux révolutionnaires, si bien que Fierro le détache. Terrazas conduit alors Fierro et Villa jusqu'au luxueux bâtiment qui abrite la Banque minière de Chihuahua. Il s'approche d'une colonne de marbre sur laquelle il glisse la main, fait jouer un mécanisme. La colonne pivote, révélant une cachette secrète remplie de pièces d'or.

Calmement, Villa s'accroupit et se met à les compter une par une. Mais la première pile représente à elle seule six cent mille pesos et il y a tant de piles qu'on ne peut les dénombrer sans les sortir de leur cache !

Les révolutionnaires demeurent un instant interdits. Jamais ils n'ont vu une telle quantité d'or. Aucun d'eux, même dans ses rêves les plus fous, n'aurait imaginé l'existence d'un tel trésor.

— Nous sommes riches ! murmure un jeune soldat.

Villa le foudroie du regard.

— Cet or est la sueur et le sang des mineurs !

Il se prend le front entre les mains, demeure un instant silencieux, puis pointe le doigt sur le trésor.

— Je ne veux pas qu'on dise que Villa s'est servi le premier et n'a fait la guerre que pour s'enrichir. Rodolfo, fais venir nos commandants !

Les chefs de la division du Nord se rassemblent donc dans les salons de la Banque minière.

— Voici le trésor de Terrazas, annonce Villa. Servez-vous. Que chacun prenne ce qu'il estime lui être dû en fonction de ses mérites !

La surprise initiale dissipée, les officiers se mettent en file et passent chacun leur tour devant le trésor, sous le regard de Villa et du banquier, toujours présent. Certains remplissent fébrilement leurs sacs et même leurs sombreros, d'autres ne prennent que quelques pièces. Un jeune officier se met au garde-à-vous devant Villa.

— Mon général, je n'ai pas combattu pour de l'or. Que ma part serve aux besoins de l'armée !

Plusieurs autres l'acclament et annoncent leur intention de renoncer eux aussi à toucher à l'or de Terrazas. Toutefois, cette cérémonie terminée, il ne reste presque plus rien dans la cache.

— Voilà, déclare Villa au banquier, *señor*, vous

êtes maintenant aussi démuni que vous prétendiez l'être, si toutefois vous n'avez pas dissimulé d'autres richesses. Mais je n'ai qu'une parole : vous êtes libre !

Soulagé, Luis Terrazas quitte le siège de sa banque sans que personne ne lui prête la moindre attention.

Le lendemain matin, quand Villa reprend possession de son bureau dans le palais du gouverneur, plusieurs de ses conseillers l'attendent avec impatience.

— Mon général, il ne suffit pas de faire rendre gorge aux riches un par un. Ils continuent à dissimuler leurs pesos et nous ne pouvons pas menacer de les pendre tous. Ce que nous avons pu récupérer est très insuffisant pour faire face aux besoins de l'armée, et surtout pour remettre la ville en route, payer les employés des services publics, relancer le commerce. Les caisses sont vides !

Une longue discussion s'engage alors entre les conseillers, sur la meilleure manière de faire repartir la machine économique. Villa s'impatiente et les interrompt.

— C'est de l'argent qu'il faut ? Alors pourquoi ne pas en imprimer comme le fait tout gouvernement ? Aujourd'hui, nous sommes le gouvernement !

— Le problème d'une monnaie, mon général, explique doctement un *licenciado*, c'est qu'elle doit être garantie pour être acceptée. Il faut qu'on puisse à tout moment l'échanger contre une valeur sûre comme l'or. Et nous n'avons pas d'or dans nos caisses. Personne ne veut d'une monnaie qui n'est pas garantie !

— Eh bien moi, je garantie cette monnaie ! s'emporte Villa. Qu'on imprime mon nom sur les billets et qu'on fasse savoir que Pancho Villa les garantit !

Très rapidement les presses installées dans les caves du palais se mettent à tourner. Quelques jours plus tard les billets portant en gros le nom de Villa et, en plus petit, ceux des principaux fonctionnaires avec leur signature, sont mis en circulation.

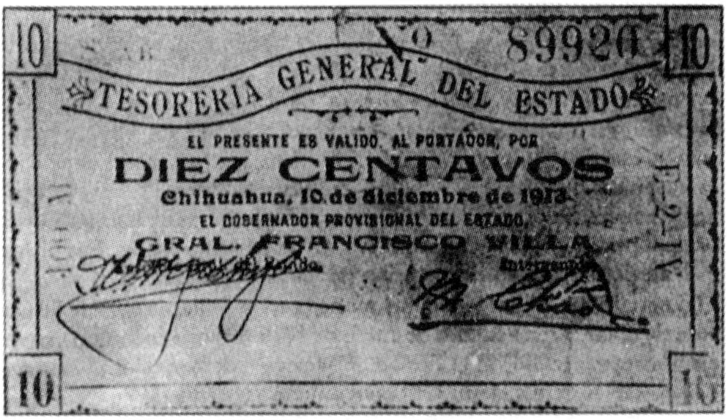

Pourtant, le jour même de l'émission de la nouvelle monnaie, les conseillers de Villa viennent à nouveau se lamenter dans son bureau.

— Les commerçants refusent vos billets et exigent les anciens. Ou alors ils réclament des prix extravagants. Les soldats et les fonctionnaires que nous avons payés avec ces billets ne peuvent pas se nourrir...

— C'est le principe même de l'inflation ! explique le docte professeur d'économie. Je vous avais averti, mon général.

Villa convoque alors les principaux dignitaires de Chihuahua.

— *Señores*, vous avez caché votre argent et refusé celui que nous avons émis, car vous pensez que mon gouvernement ne durera pas. Alors écoutez-moi bien : je vous donne trois jours pour changer vos billets contre les billets légaux. Au-delà de ce délai, toute personne trouvée en possession d'anciens billets, c'est-à-dire de fausse monnaie, sera fusillée. Je veux par ailleurs que tous les habitants de Chihuahua puissent manger à leur faim. Par conséquent, le prix de la viande sera fixé désormais à sept centavos la livre, celui du lait à cinq centavos le litre et le pain à quatre centavos pièce. Tous ceux qui dépasseront ces tarifs seront immédiatement fusillés. Quant à ceux qui refuseront la monnaie légale, ils seront condamnés à soixante jours de prison et fusillés en cas de récidive. Je n'ai rien de plus à vous dire.

Les notables se regardent, effarés, mais renoncent cette fois à protester, car ils ont maintenant l'expérience des redoutables colères de Villa. Ils s'inclinent poliment et quittent le bureau. Les dignitaires sortis, Villa tend une feuille de papier pliée en quatre à son aide de camp.

— Cherche l'intéressé et préviens-le !

L'aide de camp déplie le document et le lit.

« À partir de ce jour, Carlos Jaúregui est nommé directeur des jeux et loteries de Chihuahua. »

Général de division, Pancho Villa

— Qui est Carlos Jaúregui ?

— L'homme qui m'a fait évader de la prison de Mexico.

Pancho Villa tient toujours ses promesses.

Extrait du Metropolitan Magazine de New York*
De notre envoyé spécial au Mexique, John Reed

UN PEÓN DANS LA POLITIQUE

Les deux millions de pesos en papier monnaie, le contrôle des prix des produits alimentaires de première nécessité et toutes les mesures draconiennes imposées par Pancho

* *Article authentique*

Villa paraissent avoir contribué à éloigner le spectre de la famine qui menaçait la ville de Chihuahua [...]
Ce n'est pas pour autant que les riches notabilités de la ville et les grands commerçants ont renoncé à tenter de préserver leurs fortunes. Les billets demeurent pour la plupart dans leurs cachettes et les commerçants utilisent deux listes de prix : la première en « argent mexicain », la seconde en « monnaie Villa », car tous espèrent que le régime imposé par l'ancien peón *ne durera pas.*
À El Paso, la monnaie garantie par Villa est achetée par certaines banques au cinquième de sa valeur. On signale l'apparition de faux « billets Villa » plus ou moins grossiers.
Par ailleurs, Pancho Villa a annoncé son intention de faire ouvrir une cinquantaine d'écoles dans la ville de Chihuahua [...]

XVI
LA CHUTE DE HUERTA

Extrait du New York Times
Le 6 mai 1914
De notre correspondant au Mexique, Bobby Willeford

L'ÉTAU SE RESSERRE AUTOUR DE MEXICO

Les jours du régime du général Huerta sont désormais comptés. L'armée fédérale paraît en effet incapable de contenir l'offensive des forces constitutionnalistes. Au sud du Mexique, depuis la prise de Chilpancingo et l'exécution du commandant de sa garnison, le général Carton, l'État du Guerrero est entièrement passé sous le contrôle des guérilleros d'Emiliano Zapata. À l'ouest, les troupes du général Obregón menacent Guadalajara. Au nord, le prochain objectif de la division commandée par le général Pancho Villa pourrait être la place forte de Zacatecas, dernier verrou protégeant Mexico [...]
On risque maintenant d'assister à une course de vitesse en direction de la capitale entre les principaux chefs de la révolution mexicaine : Emiliano Zapata, Pancho Villa et Venustiano Carranza. Soutenu par son chef d'état-

major, le brillant général Alvaro Obregón, Venustiano Carranza, premier chef de la révolution constitutionnaliste, ne fait en effet pas mystère de sa volonté d'écarter des affaires politiques ses redoutables alliés. Seule l'hostilité au régime du général Huerta avait réuni des hommes et des forces aux intérêts et aux ambitions aussi différents... Venustiano Carranza paraît d'ailleurs avoir essayé, sans succès, d'éloigner de Mexico la division de Pancho Villa en l'envoyant au nord–ouest conquérir Saltillo, capitale du Cohahuila...

13 mai 1914
Conversation téléphonique entre Pancho Villa et Venustiano Carranza

Villa : *Señor Carranza, je vous ai adressé un câble pour vous informer de mon intention de marcher sur Zacatecas avec la division du Nord.*
Carranza : *Non, mes ordres sont clairs, général Villa. Envoyez cinq mille hommes pour renforcer la brigade placée sous le commandement du général Panfilo Natera que j'ai chargé de prendre Zacatecas !*
Villa : *Natera vient déjà de subir une défaite, il ne dispose pas de moyens assez important pour prendre Zacatecas. Si nous envoyons à l'attaque cinq mille hommes par cinq mille hommes, l'ennemi nous écrasera unité après unité. Cela revient à détruire la division du Nord en pure perte.*
Carranza : *Je répète que ce sont les ordres. Exécutez-les. Je n'ai rien de plus à ajouter.*
Villa : *Dans ce cas,* señor *Carranza, je suis dans l'obligation de renoncer à mon commandement et d'en informer mes chefs d'unité.*

14 mai 1914
Télégramme adressé à Venustiano Carranza par le Conseil militaire de la division du Nord.

Le Conseil militaire confirme le général Villa dans sa qualité de commandant de la division du Nord. La division entière s'apprête à marcher sur Zacatecas.

Commentaire personnel du général Maclovio Herrera, membre du conseil militaire :

Señor *Carranza, votre attitude à l'égard du général Villa montre que vous êtes un fils de chienne.*

Extrait du New York Times
15 juillet 1914
De notre correspondant au Mexique Bobby Willeford, par câble

Le général Huerta vient de s'embarquer sous mes yeux sur l'Iparanga, le même bateau qui avait conduit Porfirio Díaz en Europe trois ans plus tôt. Le règne du dictateur mexicain n'aura donc duré que dix-sept mois, depuis l'assassinat du président légalement élu Francisco Madero [...].
Dans l'attente d'élections, Venustiano Carranza a pris la fonction de « président provisoire ». Sa situation demeure toutefois fragile car le contrôle d'une grande partie du Mexique lui échappe. Au sud, Emiliano Zapata affirme que ses hommes ne déposeront les armes que lorsque le plan d'Ayala, établi par lui et qui prévoit notamment une réforme agraire radicale, aura été intégralement appliqué. Au nord, si la rupture entre le « premier chef » et Pancho Villa n'a pas été consommée, le fossé ne cesse de se creuser...

XVII
ON NE FUSILLE PAS UN INVITÉ

— Je suis certain qu'il sera possible d'aplanir le différend qui vous oppose au premier chef, général. C'est un malentendu préjudiciable à la révolution. Votre brillante victoire...

L'homme est poli, souriant, élégant, raffiné. Il déjeune en tête à tête avec Pancho Villa. La table a été dressée en plein air, à l'ombre des arbres, dans la campagne qui entoure Zacatecas tombée deux jours plus tôt aux mains des troupes villistes. Venustiano Carranza a envoyé son conseiller personnel, le *licenciado* Acuna pour tenter de ramener le commandant de la division du Nord à de meilleurs sentiments à l'égard du premier chef.

Villa écoute son interlocuteur avec un petit sourire ironique, sans répondre.

À cet instant, un capitaine se présente devant la table.

— Mon général, nous venons de capturer deux officiers qui se cachaient dans les environs. Qu'est-ce qu'on en fait ?

— Vous connaissez les ordres du *señor* Carranza. Les officiers de Huerta pris les armes à la main doivent être exécutés. Fusillez-les immédiatement !

Le capitaine salue et réunit un peloton. Les deux prisonniers sont placés contre des arbres, à deux pas de la table.

Le *licenciado* Acuno réprime un haut-le-cœur.

— Serait-il possible de les fusiller un peu plus loin ?

— Les victoires sont toujours teintées du sang de nos frères, celui de nos amis comme celui de nos ennemis, réplique sèchement Villa. Votre chef a donné l'ordre d'abattre tous les officiers huertistes. La mesure est dure mais juste et tous les révolutionnaires doivent exécuter les ordres. Vous vous dites révolutionnaire ? Mais cela vous déplaît d'assister en personne à l'accomplissement de la justice révolutionnaire. Vous autres, politiciens de salon, voulez triompher sans vous salir les mains. Vous voulez que le sale travail soit fait par nous autres...

Villa lève la main. La fusillade éclate.

*

*   *

Hilare, Villa abat ses cartes.

— J'ai encore gagné, *amigos* !

D'un geste rapide il rafle les piles de pièces posées devant ses partenaires : les généraux Fierro, Juan Vargas et Obregón.

Les quatre hommes sont installés autour d'une table d'acajou couverte d'une plaque de cristal dans le luxueux compartiment d'un wagon pullman, en gare de Chihuahua.

Alvaro Obregón est arrivé deux jours plus tôt de Mexico, accompagné seulement d'une escorte de quinze hommes. Après l'échec du licenciado Acuna, Venustiano Carranza a envoyé son chef d'état-major à Chihuahua pour tenter de convaincre Villa de négocier un accord avec lui, en attendant les prochaines élections présidentielles. Obregón sait que c'est une mission difficile car les frictions se multiplient entre les carrancistes et les éléments de la division du Nord. La veille, pour montrer sa force, Pancho Villa a organisé un défilé de ses troupes auquel Obregón a assisté, du balcon du palais du gouverneur. L'émissaire de Carranza, dont la précision et la mémoire sont prodigieuses, a compté 5 200 hommes et 40 canons. Ensuite Villa l'a invité à assister à un spectacle de danse, au théâtre municipal, puis à un somptueux dîner.

— Une nouvelle partie ? propose Villa avec un petit sourire ironique.

Obregón a déjà perdu beaucoup, néanmoins il craint d'offusquer son redoutable partenaire.

— Alors la dernière.

Le général Vargas bat et distribue les cartes. Chacun examine son jeu. Villa se penche en avant en plissant les yeux, de façon un peu bizarre. Obregón l'observe discrètement puis réalise soudain que le chef de la division du Nord essaie de voir ses cartes qui se reflètent dans la plaque de cristal ! Obregón empile alors ses cartes, de façon à les rendre totalement invisibles puis sourit à son tour.

— Je propose que nous disposions un tapis sur la table.

— Et pourquoi donc ?

— Pour empêcher les cartes de glisser.

Villa accepte, de mauvaise grâce. On envoie un soldat chercher une couverture. La partie se poursuit et Obregón reprend peu à peu ce qu'il a perdu. Villa s'énerve et jette ses cartes sur la table.

— Ce jeu me fatigue. J'en ai assez de rester assis. Je propose une revanche au revolver.

Les quatre hommes abandonnent leurs cartes et descendent du wagon. Villa place le long du ballast des bouteilles prises dans le wagon-restaurant, parmi lesquelles des crus classés, malgré les protestations indignés de Juan Vargas qui, à l'inverse de son chef, ne dédaigne pas le bon vin. Obregón lève un sourcil surpris mais ne fait aucun commentaire.

— Je commence, annonce Villa.

Il prend son Colt et brise deux bouteilles, en tirant au jugé, puis, satisfait de sa démonstration, introduit deux nouvelles cartouches dans son arme.

Fierro brandit une liasse de billets verts.

— C'est plus intéressant de jouer pour de l'argent. Chacun met mille dollars. Celui qui casse six bouteilles avec les six balles contenues dans son barillet ramasse la mise, mais il faut tirer d'un peu plus loin pour rendre le jeu plus difficile.

Les quatre hommes se reculent. Fierro tire six coups, abat quatre bouteilles, et pousse Vargas du coude.

— À toi, *amigo* !

— Non, je ne participe pas au jeu. Je ne tire pas sur du champagne et du château-margaux !

Villa et Fierro apostrophent leur compagnon, mais celui-ci reste intraitable.

— Alors, si Vargas ne joue pas, c'est au tour du général Obregón !

— Très bien, fait Obregón, toujours soucieux de manifester sa bonne volonté pour amadouer Villa.

Le général constitutionnaliste prend dix billets de cent dollars qu'il pose à côté de ceux de Villa et Fierro, puis saisit son revolver et brise cinq bouteilles sur six.

Villa, les poings sur les hanches, hoche la tête.

— Beau tir, mais je fais mieux !

D'un geste d'une rapidité stupéfiante, il dégaine son Colt, fait exploser six bouteilles, puis ramasse les billets en riant aux éclats, comme un gosse.

— Tout ce bon vin perdu, soupire Vargas.

À cet instant, on hèle Villa, d'une fenêtre du train.

— Mon général, il y a un télégramme pour vous !

Villa prend le télégramme, le lit, fronce les sourcils. C'est un message du général Hill, un partisan de Venustiano Carranza, qui menace de faire passer Villa en jugement pour désobéissance...

Villa se plante devant Obregón, le fixe dans les yeux.

— Vos amis, les parfumés, les politiciens et les officiers de salon continuent à manigancer derrière mon dos. Vous êtes un traître ! Je vais vous faire fusiller sur-le-champ. Allez me chercher vingt hommes pour constituer un peloton ! hurle-t-il.

Une escouade de *dorados*[5] encadre Obregón qui demeure imperturbable et toise Villa avec hauteur.

— Si vous me faites fusiller, vous me rendrez un grand service, car j'ai toujours eu l'ambition de donner ma vie pour la révolution. Par contre, vous vous ferez un grand tort, car chacun saura que le général Villa est un lâche capable de faire fusiller ses hôtes...

Cette tirade met Villa mal à l'aise. Vargas, qui a combattu aux côtés d'Obregón, en profite pour tenter de sauver l'envoyé de Carranza.

— Ce n'est pas possible, on ne peut pas tuer un homme sans défense avec qui on vient de jouer aux cartes !

Fierro n'intervient pas, mais Tomás Urbina, averti de l'incident, insiste au contraire pour faire exécuter Obregón.

— Il faut s'en débarrasser avant qu'il nous tire dessus !

Plusieurs autres lieutenants de Villa accourent et prennent la défense d'Obregón.

— Ce n'est pas digne d'un *caballero* de tuer un émissaire venu sans escorte traiter avec lui ! Dans toute l'histoire, on n'a jamais vu un soldat se conduire ainsi ! plaide le colonel Serrano.

Obregón assiste à la polémique sans ciller, très digne. Et finalement, Villa, impressionné par cette attitude courageuse, se laisse fléchir.

— Très bien, le colonel Serrano a raison : les hôtes sont sacrés. Personne ne pourra dire que Pancho Villa ne respecte pas les principes de l'hospitalité.

Et il prend Obregón dans ses bras.

— Allons dîner, mes amis !

À table, Villa se penche vers Obregón.

— Pourquoi donc faut-il que les révolutionnaires se tuent ainsi entre eux ?

Obregón opine, puis, habilement, s'efforce de relancer les négociations.

— Si le premier chef organise une convention avec des représentants de tous les corps militaires révolutionnaires, accepterez-vous d'envoyer des délégués ?

Villa l'écoute attentivement, fait quelques remarques sur des points de détail, semble prêt à accepter les propositions de Carranza. Le dîner se déroule au mieux, pourtant, avec le café, arrive un télégramme des généraux Hill et Calles, annonçant qu'ils n'obéiront pas aux ordres d'Obregón tant que celui-ci se trouvera dans une zone contrôlée par Villa.

Villa se lève, ivre de colère.

— Cette comédie est terminée, général Obregón. Quittez immédiatement les lieux ! Si nous nous retrouvons un jour, ce sera sur un champ de bataille !

XVIII
LES PEONES
À MEXICO

Extrait du New York Times
Le 2 décembre 1914
De notre correspondant au Mexique, Bobby Willeford

On attend d'un instant à l'autre l'entrée dans la capitale mexicaine des troupes révolutionnaires d'Emiliano Zapata et de Pancho Villa [...]. De nombreux habitants ont commencé à stocker des provisions et à se barricader chez eux. La presse, hostile dans sa grande majorité aux révolutionnaires, a largement contribué à propager des rumeurs alarmistes, en évoquant les risques de pillages et de massacres...

*
*   *

De leurs fenêtres les habitants de Mexico observent avec surprise la progression de l'étrange cortège. En tête avancent côte à côte Villa et Zapata. Villa porte une sobre tenue militaire bleu marine boutonnée jusqu'au col et une casquette plate d'offi-

cier. Zapata coiffe un immense sombrero et arbore une courte jaquette de daim rouge et des pantalons de *vaquero* en cuir à la manière des paysans du Guerrero. Autour d'eux caracolent d'impressionnants guerriers bardés d'armes : les *dorados*, la cavalerie d'élite de la division du Nord. Le soleil jette des reflets d'or sur leurs cartouchières et les incrustations de leurs selles. Derrière eux défilent des batteries de canons, commandées par le général Felipe Ángeles et prises pour la plupart à l'armée fédérale, puis les paysans en « pyjamas blancs » et sandales de cuir armés de machettes et de vieux fusils, qui forment l'infanterie d'Emiliano Zapata.

Des acclamations fusent, auxquelles les cavaliers répondent en faisant cabrer leurs montures, en jetant leurs chapeaux, en tirant en l'air et en poussant des cris stridents. On lance des fleurs aux vainqueurs, on leur tend à boire, mais on peut lire aussi beaucoup d'inquiétude sur les visages. Comment ces hordes de barbares venus du fin fond des campagnes vont-elles traiter Mexico ?

Un jeune homme vêtu d'un strict complet gris très élimé suit un moment le cortège puis s'en écarte pour emprunter une rue adjacente où il pénètre dans une *cantina*. L'établissement est presque vide car la plupart des clients se sont rendus sur le passage du défilé. Le jeune homme fait un signe au patron, assis derrière son comptoir de cuivre, puis passe dans l'arrière-salle où une vingtaine d'hommes discutent avec animation dans une atmosphère enfumée.

— Eh bien, Pablo, tu les as vus ?

Le jeune homme est encore impressionné par le spectacle auquel il vient d'assister. Il hoche la tête sans répondre, prend un siège et s'installe auprès de la table entre ses camarades.

— *Compañeros*, reprend l'orateur que l'arrivée du jeune homme a interrompu, les travailleurs ne peuvent attendre leur salut que d'eux-mêmes. Nous n'avons pas à prendre partie dans le conflit qui va opposer les mercenaires de Villa aux bourgeois et aux traîne-sabres de profession qui entourent Obregón et Carranza ! Laissons-les s'égorger entre eux !

Cette tirade suscite des applaudissements, mais aussi des protestations.

— Carranza est un libéral. Un libéral vaut toujours mieux qu'un dictateur pour les ouvriers. Et il a promis d'accorder les libertés démocratiques, d'autoriser les syndicats et leur presse, de réduire la durée du travail. Nous devons le soutenir ! Nous n'avons rien à attendre de ces paysans qui ne s'intéressent qu'à leurs lopins de terre !

Les hommes qui débattent ainsi appartiennent à la *Casa de los obreros del mundo*[6]. Ce sont pour la plupart des militants anarcho-syndicalistes, dont de nombreux typographes. La dictature de Díaz puis celle de Huerta les ont contraints à une semi-clandestinité. Ils ont connu la prison et les coups de la police. Ils attendaient depuis des années le surgissement d'un mouvement ouvrier qui balaierait

Mexico et se retrouvent face à une armée de vachers. À l'issue de cette réunion houleuse, l'orateur prend le jeune homme à part.

— Toi qui les a vus, Pablo, qu'en penses-tu ?

— Ils me font peur.

Tandis que les militants de la *Casa de los obreros del mundo* débattent ainsi, Pancho Villa et Emiliano Zapata pénètrent dans l'immense palais gouvernemental de Chapultepec que Huerta, sa cour, son état-major et ses gardes ont abandonné à une poignée de domestiques. Depuis la chute de Porfirio Díaz, ceux-ci ont vu passer bien des présidents, provisoires ou non, et ces changements successifs ne les impressionnent pas outre mesure.

On conduit les vainqueurs dans la salle d'apparat aux murs couverts d'immenses tapisseries représentant les batailles de la guerre d'Indépendance menées par Juárez. Une meute de journalistes s'y engouffre à leur suite, parmi lesquels Bobby Willeford. Celui-ci tente d'approcher Pancho Villa qui pose un instant son regard sur lui mais il n'a pas gardé le souvenir de ce jeune rédacteur rencontré à El Paso et devenu aujourd'hui le correspondant officiel d'un des plus importants journaux des États-Unis.

Zapata paraît tout petit à côté de Villa, il jette des regards ahuris sur les plafonds peints et lambrissés. C'est la première fois qu'il met les pieds en pareil lieu. Le palais ne lui plaît pas. Villa semble plus à l'aise, il s'esclaffe avec ses officiers en visitant cette salle luxueuse depuis laquelle Díaz et Huerta envoyaient leurs hommes à la mort. Leur fauteuil en bois doré recouvert de velours rouge et surmonté d'un aigle impérial ressemble à un trône.

— Mon général, asseyez-vous là ! demande un journaliste.

— Vous n'y songez pas ! Je n'ai pas combattu pour prendre ce siège ridicule !

— Juste pour la photo.

Villa, de bonne grâce, retire sa casquette et se carre donc dans le fauteuil présidentiel. Zapata prend place à sa gauche, son sombrero géant sur les genoux et Tomás Urbina à sa droite. Les officiers, dont certains portent encore des bandeaux ensanglantés, et quelques conseillers civils se regroupent autour d'eux. Le photographe installe son appareil sur son trépied. Villa et ses amis posent avec une certaine complaisance puis s'impatientent devant ces préparatifs.

— La plaisanterie est terminée ! annonce Villa, une fois la photo historique prise. Allons déjeuner !

Tandis que les *peones* de Zapata frappent timide-

ment aux portes des maisons de Mexico pour quêter de quoi manger, Villa et ses amis se retrouvent dans la salle de l'hôtel *Palacio*, un établissement fréquenté habituellement par une clientèle d'hommes d'affaires internationaux. Il fait honneur au repas qu'on lui sert, répond avec bonne humeur aux questions des journalistes qui ont réussi à le suivre jusque-là, et écoute les observations que lui prodigue fort poliment un représentant officiel que le gouvernement des États-Unis a désormais attaché à ses pas.

Un regard attire soudain son attention. À l'abri derrière son comptoir d'acajou, une jeune employée de l'hôtel ne lâche pas des yeux le « Centaure du Nord ». Villa la fixe, elle continue à le dévisager sans ciller.

Il griffonne un mot sur un morceau de papier qu'il tend à son aide de camp.

— Va le porter à cette dame.

L'aide de camp s'exécute. La jeune femme déplie le message, le lit, sourit et hoche la tête.

— Eh bien ? demande Villa au retour de l'aide de camp.

— La *señorita* affirme que c'est impossible, qu'elle ne peut pas vous rencontrer ce soir, qu'elle ne vous connaît pas...

Villa agrippe l'aide de camp par son col.

— Comment cela, impossible ?

— Je ne sais pas, mon général.

Le déjeuner terminé, Villa constate que la jeune femme a quitté son guichet, une autre personne, plus âgée et d'aspect rébarbatif, l'a remplacée.

— Ça ne va pas se passer comme ça.

À la tombée de la nuit, un groupe de quatre *dorados* couverts de cartouchières se présentent à la réception du *Palacio* où la jeune caissière est revenue à son poste.

— Suivez-nous ! ordonnent-ils à la jeune femme.

Le réceptionniste et un groom tentent de s'interposer, mais un *dorado* leur brandit un énorme revolver sous le nez. La jeune femme emboîte donc le pas des hommes de Villa. Devant l'hôtel attendent d'autres *dorados* avec un cheval sans cavalier sur lequel ils font monter la caissière.

L'ambassade de France interviendra un peu plus tard dans la nuit auprès du chef de la division du Nord pour obtenir la libération de l'employée de l'hôtel, qui est française...

Pendant que les conseillers de Villa procèdent à ces délicates négociations et s'efforcent de convaincre leur chef de relâcher la jeune femme pour éviter un incident diplomatique, un groupe d'officiers villistes gueuletonne dans un petit salon privé du restaurant *Sylvain*, sans lésiner sur les vins fins et les meilleurs alcools. Quand vient le moment de payer, ils découvrent qu'ils n'ont plus un peso en poche.

— Ce n'est pas grave, nous allons vous signer un bon, propose un colonel.

— Je suis désolé, *señor*, proteste le maître d'hôtel mais ici on paye toujours en argent. Je ne peux pas accepter de bon.

Un autre officier, éméché, saisit le maître d'hôtel par sa cravate.

— Comment cela, misérable ? Tu oses refuser un bon garanti par des officiers de l'armée de Pancho Villa ?

— C'est que j'ai des ordres de ma direction, *señor*.

Des serveurs accourent, l'algarade s'envenime.

Attiré par les cris, un jeune homme qui dîne dans un salon voisin s'approche, s'enquiert des causes de la dispute.

— Votre comportement n'est pas digne d'officiers révolutionnaires. Votre grossièreté fait du tort à la révolution. Donnez-moi la note !

Il prend la note et paie.

— Et quittez les lieux, vous devriez avoir honte !

Le lendemain matin, un des officiers, dessoûlé et piteux, rapporte l'affaire à Villa. Celui-ci, très irrité par son échec de la nuit auprès de la caissière du *Palacio*, entre dans une violente colère.

— Pour qui se prend ce *señorito* ? On ne se mêle pas des affaires de mes *muchachos* ! Comment se nomme ce personnage ?

— Berlanga. David Berlanga, mon général.

— Très bien, Fierro, fusille-moi immédiatement ce Berlanga.

Rodolfo Fierro part à la recherche de Berlanga, le trouve et, sous la menace de son arme, le pousse contre le mur d'une caserne.

— Vous avez l'intention de m'incarcérer dans cette caserne ?

— Non, de vous tuer tout de suite, répond Fierro en vidant son chargeur.

XIX
LES BATAILLONS ROUGES DE CARRANZA

— Villa est assurément un excellent chef de guerre, mais c'est un peón ignorant, une brute inculte, le laisser intervenir dans les affaires politiques serait une catastrophe !

Au premier abord, on pourrait prendre Venustiano Carranza pour un vieillard débonnaire, avec sa barbe blanche et ses lorgnons, mais son regard est dur. Assis à son bureau, il fait face au général Obregón, un homme de petite taille, au visage énergique barré d'une fine moustache, qui se tient debout devant lui, les mains dans le dos.

— C'est bien mon avis.

— Villa est populaire, rusé. Nous ne le battrons pas sur le seul terrain militaire. Il faut lui couper l'herbe sous le pied. Je vais annoncer une réforme agraire, des lois sur la durée et les conditions de travail. Quand ils auront la terre, les *peones* se détourneront de Villa.

— C'est possible.

— Et si Villa nous tient tête, je compte sur vous.

Les yeux d'Obregón brillent de satisfaction. Lui aussi est d'origine modeste, lui aussi a remporté de brillantes victoires, il ne craint pas Villa et a de vieux comptes à régler avec lui...

— Vous le pouvez, *señor* Carranza !

D'autres hommes patientent dans le vestibule. Quand un secrétaire soigneusement cravaté et parfumé les introduit dans le bureau de Carranza, ils paraissent un peu gauches, intimidés. Tous sont correctement mais modestement vêtus. Ce sont les dirigeants des principaux syndicats et de la *Casa de los obreros del mundo*. Hier encore pourchassés par la police, ils ont du mal à croire qu'ils se trouvent face à l'homme qui vient de prendre en mains les destinées du pays et que celui-ci s'apprête à traiter avec eux.

— *Señores*, annonce Carranza. Je sais que le traître Huerta a fait saisir le siège de votre association et emprisonner certains d'entre vous. J'ai l'intention d'autoriser à nouveau vos activités et de vous proposer un pacte pour combattre la réaction et faire avancer la révolution...

Un syndicaliste s'avance.

— Très bien, *señor* Carranza, nous vous jugerons à vos actes. Êtes-vous prêt à proclamer la journée de huit heures et l'augmentation des salaires ?

— Cela fait partie des mesures que nous avions prévues, *señores*.

Un murmure parcourt les rangs des visiteurs. Carranza se lève, contourne son bureau et se mêle à eux.

— Ce n'est pas tout. J'ai l'intention d'intégrer dans mon gouvernement et mon administration un certain nombre d'entre vous dont les conseils me seront précieux. Et aussi de rendre obligatoire le repos hebdomadaire, interdire le travail des enfants, autoriser l'activité des organisations syndicales...

Il énumère ainsi toute une série de mesures sociales qui semblaient jusqu'ici inaccessibles. Les syndicalistes demeurent muets de surprise.

— Toutefois, *señores*, il y a une contrepartie. Tout pacte doit nécessairement être équilibré... Notre pays traverse une période difficile, l'économie est désorganisée. Il convient donc que les entreprises tournent. C'est, me semble-t-il, le rôle du gouvernement d'arbitrer les conflits qui pourraient naître entre employeurs et salariés. De plus, si le traître Huerta a fui honteusement, la réaction n'a pas désarmé. Êtes-vous prêts à la combattre, y compris les armes à la main ?

— Sans aucun doute ! répondent avec sincérité les visiteurs.

— Bien, je compte donc sur vous pour recruter parmi les membres de vos organisations des volontaires qui accepteront de s'enrôler dans les forces constitutionnalistes.

— Mais, qui aurons-nous à combattre ?

— Villa, *señores* ! Villa et tous ceux qui ne se sont liés à lui que par goût de la rapine, du sang, du viol, de la destruction ! Villa représente aujourd'hui les forces de l'obscurantisme, de la barbarie primitive...

Trois semaines après ces négociations, six unités militaires composées de volontaires ouvriers recrutés par les dirigeants de la *Casa de los obreros del mundo* défilent dans les rues de Mexico. Ce sont les « bataillons rouges », formés aux termes des accords signés avec Venustiano Carranza. Pablo Ibánez, le jeune typographe qui avait assisté avec tant d'inquiétude à l'entrée dans Mexico des troupes de Zapata et Villa, marche fièrement en tête de son bataillon en portant le drapeau écarlate. Il sera tué quelques mois plus tard devant la ville de Celaya en combattant contre la cavalerie de Pancho Villa.

Extrait du New York Times
De notre correspondant au Mexique, Bobby Willeford
Le 20 avril 1915

SANGLANTE DÉFAITE DE VILLA DEVANT CELAYA

La bataille de Celaya va-t-elle sonner le glas de la puissante division du Nord commandée par Pancho Villa ? C'est la question qu'on peut se poser après le sanglant revers subi par cette armée réputée invincible. Le général Villa a perdu en effet plusieurs milliers d'hommes, tués et blessés, et une grande partie de son artillerie au cours des terribles combats qui viennent de se dérouler autour de cette petite ville située au nord-ouest de Mexico.
Les observateurs militaires les plus avertis s'accordent pour attribuer cet échec à plusieurs facteurs. D'une part, à la personnalité du général Obregón, officier de grande valeur, qui a d'ailleurs perdu un bras au cours de la bataille sans pour autant cesser de conserver le commandement de ses troupes. D'autre part à l'évolution des techniques de combat.
L'état-major du général Obregón compte en effet plusieurs conseillers militaires allemands qui l'ont initié aux méthodes expérimentées avec succès au cours de la guerre qui vient de se déclencher en Europe. Ces méthodes, qui repo-

sent avant tout sur l'établissement de lignes de tranchées protégées par des réseaux de barbelés infranchissables, mettent fin aux batailles rangées traditionnelles au cours desquelles la cavalerie villiste jouait un rôle déterminant. Les vagues de cavaliers que le général Villa s'est obstiné à lancer contre Celaya se sont chaque fois brisées sur ces terribles défenses hérissées de nids de mitrailleuses, et surveillées du ciel par des aéroplanes.
La victoire du général Alvaro Obregón renforce considérablement la position de Venustiano Carranza [...]. La population paysanne qui constituait le soutien essentiel de Pancho Villa paraît aujourd'hui lasse de ces incessants combats fratricides, d'autant que la réforme agraire promise par Venustiano Carranza la prive de sa motivation essentielle. Le soutien que le gouvernement des États-Unis accorde de plus en plus ouvertement à Venustiano Carranza devrait aussi contribuer à faire pencher la balance en sa faveur.
Toutefois, au Sud, que Venustiano Carranza a dû dégarnir militairement pour affronter Villa, la rébellion d'Emiliano Zapata demeure menaçante [...].

XX
« FUSILLEZ CES SORCIÈRES ! »

Une femme danse au son des guitares. Elle se cambre, lève les bras au-dessus de sa tête, rejette en arrière la longue chevelure brune qui descend jusqu'à ses reins. Le moindre de ses mouvements est une provocation. Elle fixe tour à tour chacun des *muchachos* rassemblés autour du feu, comme si elle voulait les posséder tous. Les hommes l'accompagnent en claquant des mains. Ils la dévorent des yeux.

L'épouse du capitaine Eugenio Ortiz est d'une beauté peu commune, elle veut s'amuser et profiter de sa jeunesse. Son mari combat loin d'ici et la vie est courte. La révolution a libéré les mœurs, les femmes entendent elles aussi choisir leurs compagnons. Celles qui en changent fréquemment ne sont pas rares, et les veuves ne restent pas longtemps seules. Ce qui ne va pas sans susciter des conflits. Les *soldateras* vouent pour la plupart une haine féroce à Maria Ortiz : elle est trop belle, trop fière, trop libre, et rend amoureux tous les hommes qu'elle croise sur son chemin, le simple soldat comme le général.

Un géant barbu se lève et vient se placer en face de Maria. Les poings sur les hanches, il frappe le sol du talon en rivant son regard dans celui de la danseuse brune. Le lieutenant Antonio Domínguez est un peu ivre, son pas manque d'élégance, mais sa cavalière se prend au jeu, elle le défie, lui échappe, revient le frôler puis s'écarte à nouveau sans perdre le rythme de sa danse, tandis que leurs compagnons les encouragent de leurs plaisanteries et leurs cris joyeux.

Seule l'épouse de Domínguez n'apprécie pas ce spectacle. Lorsque le lieutenant prend Maria dans ses bras sans rencontrer de résistance, et veut l'entraîner dans un lieu plus discret, elle ne réussit pas à maîtriser la rage meurtrière qui s'est emparée d'elle. Elle saisit son fusil et tire sur le couple. Le coup les manque, mais un homme s'effondre : le major Hernández qui buvait tranquillement son café au coin du feu, aux côtés de Pancho Villa.

Villa se dresse, dégaine son Colt et hurle :

— Allez me chercher cet assassin !

Elena Domínguez se jette à genoux devant lui, sanglote, tente de s'expliquer, mais Villa ne veut rien entendre. Des mercenaires engagés par Obregón ont tenté de l'abattre à plusieurs reprises et, depuis quelques temps, il se sent menacé, se méfie de son entourage, imagine de sombres complots. Ses défaites successives l'ont rendu irascible, il ne supporte plus la moindre critique.

— Le major Hernández que tu viens de tuer était assis juste à côté de moi. C'est moi que tu visais, chienne !

Ses compagnons tentent de le raisonner, mais il les repousse brutalement.

— C'était un plan pour m'assassiner ! Je savais bien qu'on découvrirait un jour des espionnes de

Carranza dans ce nid de sorcières ! Elles informent l'ennemi de tous nos mouvements, nous tirent dans le dos ! Que croyez-vous, *amigos*, c'est cette bande de traîtresses qui permettent à Obregón de remporter ses prétendues victoires, sinon nous l'aurions écrasé depuis longtemps !

Antonio Domínguez l'implore à son tour, dignement.

— Je suis le seul responsable de ce drame, c'est moi que tu dois punir, mon général !

Villa lui donne une tape amicale sur l'épaule, l'écarte.

— Certainement pas ! C'est un complot. Qu'on me rassemble toutes ces sorcières. Je vais toutes les fusiller, jusqu'à la dernière !

Le lendemain matin, à l'aube, quatre-vingt-dix *soldateras* furent exécutées.

XXI
LA TRAHISON D'URBINA

— Pourquoi le général Urbina a-t-il abandonné Durango ? tonne Villa.

Les officiers qui entourent Villa demeurent silencieux. Depuis la terrible défaite de Celaya, les effectifs de la division du Nord ont fondu et bien des chefs militaires ont changé de camp. Villa est amer : la ville de Durango, dont la brigade Morelos commandée par son vieil ami Tomás Urbina assurait la défense, est tombée sans combat aux mains des forces du général Obregón.

— Où se trouve Urbina ?

— Probablement à Las Nieves...

Las Nieves, c'est le fief d'Urbina. Il y possède une maison et une famille.

— Qu'on lui télégraphie sur-le-champ que je veux le voir ici !

Villa se rend en personne dans le wagon où opère le télégraphiste.

— Le général Urbina fait dire qu'il est malade, qu'il ne peut se déplacer...

Villa prend Fierro à part.

— Nous allons lui rendre visite et avoir une explication avec ce traître !

— Méfions-nous, il a peut-être des informateurs parmi nous...

Villa monte en compagnie de Fierro dans le wagon de commandement et ordonne de mettre le train en marche. La locomotive s'ébranle. Après quelques centaines de mètres, Villa et Fierro sautent sur le ballast. Ils retournent à leur campement, réunissent une centaine de *dorados* sûrs et l'expédition s'ébranle en direction de Las Nieves. La nuit est tombée lorsqu'une terrible tornade contraint les cavaliers à trouver refuge sous les arbres, de sorte qu'ils n'arrivent en vue de l'hacienda d'Urbina qu'au lever du jour.

— Regardez ! crie un *dorado*. Des hommes s'enfuient. Ils ont été prévenus.

Accompagné d'une demi-douzaine de fidèles, Urbina, averti par des villageois, a en effet pris la fuite. Fierro et quarante *dorados* le rattrapent bientôt, l'encerclent.

Urbina prend sa carabine, vide son chargeur, puis dégaine son revolver. Fierro riposte. Atteint au bras droit, Urbina lâche son arme et se rend.

Les *dorados* fouillent les sacoches accrochées à sa selle. Elles contiennent des liasses de billets et de pièces d'or !

— Traître ! accuse Fierro. Non seulement tu as livré Durango à l'ennemi mais tu emportais la caisse du régiment.

Villa, qui a entendu les coups de feu, accourt à bride abattue.

— Ainsi, toi aussi tu me trahis !

Urbina se jette à ses pieds, fond en larmes.

— Pardonne-moi, Pancho, souviens-toi de tout ce que nous avons connu ensemble. Les *rurales* qui nous pourchassaient dans la sierra, la boucherie que nous avons tenue à Chihuahua, la photo sur laquelle tu es à côté de moi, dans le palais de Chapultepec...

À ces mots, Villa se met à pleurer lui aussi à chaudes larmes et prend Urbina dans ses bras.

Un peu plus tard, Urbina, après avoir été pansé par un médecin, monte dans une Packard sous la garde d'une petite escorte commandée par un officier du nom de Martin López .

Fierro chevauche aux côtés de Villa sur le chemin du retour, la mine sombre.

— Que vas-tu faire d'Urbina ?

— Je lui ai pardonné et l'ai envoyé se faire soigner à Chihuahua. Martin l'a pris dans ma voiture personnelle pour le conduire jusqu'au train.

— Ce n'est pas possible, mon général ! Avec tout le respect que je te dois, j'affirme qu'il faut tuer Urbina ! S'il rejoint l'ennemi, sa connaissance du terrain et de nos habitudes nous coûtera très cher. Il a retiré la brigade Morelos de Durango et livré la ville sans nous avertir. Il s'est affirmé comme un ennemi, a tiré sur nous. C'est seulement quand il s'est vu blessé et perdu qu'il t'a joué cette comédie...

— C'était mon fidèle ami, proteste mollement Villa.

— Ce n'est pas une raison. Nous ne pouvons pas nous permettre d'être généreux avec ce traître.

Les deux hommes continuent leur route côte à côte en silence pendant un moment. Villa médite les paroles de Fierro.

— Très bien, fais comme tu voudras.

Aussitôt Fierro éperonne son cheval et s'élance à la poursuite de la Packard qui n'est plus qu'un petit nuage de poussière qu'on distingue à l'horizon. Fierro suit ainsi la voiture sur près de dix kilomètres sans parvenir à la rejoindre. Pourtant, à l'approche d'un village, des pierres barrent la route, et la Packard doit s'immobiliser sur le bas côté, le temps de dégager l'obstacle. Le chauffeur lance le moteur à l'instant où surgit Fierro dont le cheval est couvert d'écume.

Fierro saute à terre.

— Par ordre du général en chef, je veux voir le prisonnier...

López ouvre la porte de la Packard. Urbina apparaît, le bras en écharpe. Il pâlit en reconnaissant Fierro et cherche à remonter dans la voiture, mais Fierro tire à bout portant et le crible de balles. Urbina s'écroule dans la poussière.

López, qui a assisté à la scène sans intervenir, s'éloigne de la voiture et pleure. Fierro repart au galop sans même jeter un œil sur le cadavre.

— C'est fait, annonce-t-il à Villa.

Celui-ci reste un instant silencieux, puis ordonne :

— Tu mettras à sac la maison du colonel Borboa, son chef d'état-major, mais j'entends que tu respectes celle de la veuve d'Urbina. Et je ne veux plus jamais entendre parler de lui.

Le plus fidèle compagnon de Villa, celui qui avait connu ses années de banditisme dans la sierra, trouva ainsi une mort sans gloire en septembre 1915. Son bourreau, l'exécuteur des basses œuvres de Villa, le sanguinaire Fierro ne lui survécut qu'à peine plus d'un mois : il se noya dans un marais où il avait entraîné son cheval en pleine nuit, après avoir abusé du cognac, au cours de la longue retraite des rescapés de la division du Nord à travers l'État du Sonora. Des immigrants chinois retrouvèrent son corps cinq jours plus tard, le 18 octobre 1915. Villa ordonna qu'on l'inhume à Juárez et qu'on remette à sa veuve les objets trouvés sur lui : un solitaire de dix carats et son ceinturon empli de pièces d'or.

Extrait du Nacional de Mexico
Le 3 novembre 1915

LE PRÉSIDENT WILSON RECONNAÎT LE GOUVERNEMENT DE VENUSTIANO CARRANZA

C'est assurément une grande victoire diplomatique que vient de remporter le Premier chef du mouvement constitutionnaliste en obtenant la reconnaissance officielle de son gouvernement par les États-Unis, proclamée solennellement par le président Wilson en personne. Ce succès vient couronner de brillantes victoires militaires qui ont permis de mettre en déroute les bandes armées qui s'opposent encore au rétablissement de l'ordre et de la paix dans notre pays, celles de Villa au nord comme celles de Zapata au sud.

Cette reconnaissance diplomatique met fin à la prudence, pour ne pas dire à une certaine duplicité, qui caractérisait la politique de nos voisins nord-américains, soucieux de préserver l'avenir en ménageant les différents partis, comme ils l'avaient déjà fait à l'époque du porfirisme.

À ce geste diplomatique hautement symbolique devraient s'ajouter une aide économique et militaire accrue et une coopération plus étroite entre l'armée mexicaine et celle des États-Unis pour combattre avec efficacité les bandes qui opèrent à proximité de la frontière et menacent les intérêts américains aussi bien que mexicains...

XXII
MORT AUX GRINGOS !

— *Muchachos*, nous allons donner une leçon à ces chiens de *gringos* !

Quatre cents cavaliers sont rassemblés dans une clairière, au-dessus de la ville de Palomas, à l'ouest du río Grande et de Ciudad Juárez. La nuit est sombre. Dans la demi-obscurité, Villa distingue à peine les visages, mais il sait que chacun l'écoute avec attention. Il y a là la fleur des rescapés de la division du Nord, les *dorados* les plus fidèles, ceux qui ont résisté à la faim et la soif, aux marches épuisantes à travers les déserts brûlants et les montagnes enneigées. Et aussi aux propositions du général Obregon qui a écrit personnellement à chaque officier villiste pour lui proposer de l'intégrer dans son armée en conservant son grade.

Depuis des mois, ils n'opèrent plus que par petits détachements qui se regroupent pour les opérations importantes, afin de ne pas permettre aux troupes de Carranza de profiter de leur écrasante supériorité. Leurs ennemis sont désormais non seulement les soldats d'Obregon, les riches, les *terratenientes* qui relèvent la tête, mais les *gringos* qui soutiennent Carranza par tous les moyens. Deux mois plus tôt, les guérilleros ont infligé une sanglante humiliation aux Yankees en s'emparant d'un train, sur la ligne qui relie Chihuahua à El Paso. Les *muchachos* de Villa en ont fait descendre dix-huit citoyens américains, techniciens et cadres d'une mine d'or mexicaine qu'ils ont exécutés sur le ballast, sans autre forme de procès. Aujourd'hui, ils savent que leur chef a décidé de frapper plus fort encore.

La petite troupe s'ébranle dans la nuit. Les cavaliers avancent en file, silencieusement, et franchissent bientôt la frontière en un point repéré à l'avance et non gardé, puis se rassemblent en bon ordre sur une hauteur qui domine la petite ville américaine de Columbus[7].

Il est deux heures du matin quand un sourd grondement arrache Leopold Burkead, administrateur des postes, à son profond sommeil. Le martèlement des sabots de centaines de chevaux sur le sol de la rue principale se propage dans toute la ville, fait vibrer les cloisons de bois des maisons. Le fonctionnaire se lève, marche jusqu'à sa fenêtre. Des coups de feu claquent, les vitres volent en éclats, il n'a que le temps de se jeter à plat ventre. À la fusillade se mêlent des hurlements sauvages. Burkead se relève, jette un œil prudent, se demande s'il ne rêve pas : une horde de cavaliers coiffés d'immenses sombreros passe au galop sous sa fenêtre. Ils tirent dans toutes les directions. Dans ce vacarme, il distingue des cris. *Viva Villa ! Viva Mexico ! Mueran los gringos !* Après s'être persuadé qu'il ne s'agit pas d'un cauchemar, le directeur des postes entraîne son épouse, son fils et sa bonne dans une pièce située de l'autre côté de la maison, à l'abri des balles, et les fait allonger sur le sol.

Le télégraphiste qui vit lui aussi avec sa femme à l'étage du dessous a une conduite plus héroïque. Il enfile une veste sur son pyjama, descend au rez-de-chaussée, s'empare du télégraphe et tape fébrilement un message pour demander des secours et faire arrêter tous les trains qui doivent traverser Colombus : on attend en effet un convoi officiel qui conduit deux membres du gouvernement de Carranza, Luis Cabrera et Ignacio Pesqueira, à Tucson où doit se tenir une conférence avec des diplomates américains...

L'employé est penché sur son appareil quand Villa surgit dans la poste le revolver au poing et l'abat de trois coups de feu. Apparaît alors l'épouse du télégraphiste, en chemise de nuit. Elle se penche sur le cadavre de son mari, puis l'écarte pour tenter de poursuivre la transmission du message, sur le même appareil. Villa tire sur elle les trois balles qui lui restent, puis entreprend calmement d'introduire de nouvelles cartouches dans le barillet de son Colt.

La garnison du 13e régiment de cavalerie, qui compte trois cents hommes, est surprise en plein sommeil. Les soldats vêtus de leurs seuls sous-vêtements collants de coton blanc se précipitent aux fenêtres, aperçoivent les flammes qui s'élèvent au-dessus de la ville. Ils s'emparent de leurs armes, quelques-uns tentent une sortie, mais sont rapidement bloqués par le tir nourri des détachements que Villa a disposés autour de la caserne. L'absence de leurs chefs désorganise la résistance : la plupart des officiers dorment en ville avec leurs familles ou leurs maîtresses...

Le major Tompkins, commandant de la garnison, qui occupe une petite maison à l'écart du centre de la ville, est lui aussi réveillé par la fusillade. Il boucle son ceinturon, saisit son revolver, sort dans la rue et aperçoit des dizaines de cavaliers qui galopent en brandissant des torches et tirant en tous sens. L'officier hésite un instant : les chances de rejoindre ses hommes paraissent faibles. Sa femme le tire alors à l'intérieur de la maison.

— Je t'en prie, cache-toi. Ça ne sert à rien de te faire tuer stupidement. Pense à moi, à tes enfants !

Les combats vont durer jusqu'à la fin de la matinée. Les hommes de Villa repartent avec des chevaux, des armes et des munitions pris dans la caserne, les dollars contenus dans les coffres de la banque et des riches particuliers. L'hôtel et la banque brûlent, les cadavres jonchent les rues, dont ceux de plusieurs assaillants. Craignant des représailles, de nombreux domestiques mexicains de Columbus ont volé les chevaux de leurs maîtres pour fuir avec les hommes de Villa. De leur côté, les Américains ont réussi à faire trois prisonniers, dont deux sont exécutés sur-le-champ. Le troisième est épargné, c'est un guérillero de douze ans qui sera adopté par une famille américaine et deviendra cordonnier...

Du haut d'une petite colline, le général Juan Bautista Várgas, fidèle partisan de Villa, assiste au retour de l'expédition. Lui-même est arrivé trop tard pour y participer. Il voit revenir les cavaliers couverts de poussière tirant des mules et des chevaux chargés de butin, mais aussi de blessés ensanglantés. Villa a dû abandonner les cadavres de plusieurs de ses partisans de l'autre côté de la frontière pour fuir avant l'arrivée des renforts américains. Le propre frère du général Vargas manque à l'appel, mais celui-ci ne le sait pas encore.

Vargas s'avance au-devant du détachement et hèle un *muchacho*.

— Alors, vous nous avez ramené des *girls* pour faire la fête ?

Le guérillero, dont le visage juvénile est creusé par une nuit de combat, pose sur le général un regard vide.

— Pourquoi ramener des Américaines, alors qu'il y a déjà tant de veuves chez nous, et qu'il y en a quelques-unes de plus depuis cette nuit ?

XXIII
L'AMÉRIQUE A BESOIN DE HÉROS

— Bobby, mon garçon, je regrette de vous le dire, mais votre papier ne va pas du tout.

Bobby Willeford vient de passer deux heures sur sa Remington, sans lever le nez, pour taper les huit feuillets que lui tend son rédacteur en chef par-dessus l'immense bureau de chêne. Le journaliste est en bras de chemise, il a déboutonné son col et desserré le nœud de sa large cravate à motifs fleuris. Il y a une tache de café sur son pantalon de velours avachi.

— Qu'est-ce qui ne va pas ?

Le rédacteur en chef, très élégant dans son costume de flanelle claire bien coupé, se renverse dans son fauteuil de cuir.

— Un texte pareil ne convient pas, en ce moment, sous une signature aussi prestigieuse que la vôtre. D'une part vous êtes beaucoup trop indulgent à l'égard des gangsters mexicains...

— La personnalité de Pancho Villa est complexe...

— D'autre part, poursuit le rédacteur en chef, ignorant cette remarque, vous ne mettez pas suffisamment en valeur l'héroïsme du major Tompkins.

— D'après mes informations, le major Tompkins est resté caché dans un placard de sa maison pendant toute la durée des combats. Il ne s'est manifesté qu'après la fuite des Mexicains pour ordonner l'exécution des prisonniers, ricane Willeford.

Le rédacteur en chef balaie l'objection d'un mouvement de la main.

— Peu importe, Bobby. L'Amérique a subi une humiliation et elle a besoin d'un héros. Alors, vous allez me refaire ce papier, c'est un ordre, ou je vous saque, même si vous êtes le spécialiste incontesté des affaires mexicaines...

Willeford comprend, au regard de son patron, que celui-ci ne bluffe pas. Résigné, il prend la liasse de feuillets qu'on lui tend et, sans un mot, s'éloigne.

— Inutile de faire la mauvaise tête ! Et ce n'est pas tout...

Le journaliste se retourne alors qu'il a déjà la main sur la poignée de la porte.

— Je crois avoir très bien compris vos consignes. Nous ferons du major Tompkins un héros national.

— S'il vous plaît, Bobby, écoutez-moi !

Willeford lâche la poignée, fait demi-tour et se plante devant le bureau, les mains dans les poches, en affichant un air indifférent.

— Je suis chargé de vous mettre dans la confidence... C'est une décision d'une extrême importance, prise par le président Wilson lui-même.

Cette fois, l'ancien pigiste du *El Paso Morning Times* ne parvient pas à dissimuler son intérêt. Constatant ce changement avec satisfaction, le rédacteur en chef agite un doigt menaçant.

— Mais attention, Bobby, je vous demande votre parole...

— Vous l'avez.

— Bien. Le président Wilson vient de décider l'organisation d'une expédition punitive qui sera commandée par le général Pershing. Elle aura pour objectif de rechercher la bande de Villa et de la châtier sévèrement. Le général Pershing sera secondé par un officier qui a fait ses preuves...

— Le major Tompkins, je suppose !

— Je constate une fois de plus que vous êtes un garçon intelligent. Mais ce n'est pas encore fini. Wilson a pris des assurances auprès de Venustiano Carranza pour que cette expédition ne déclenche pas une guerre avec le Mexique — comme vous le savez, l'ambassade d'Allemagne à Mexico intrigue dans ce sens... Pour préserver la susceptibilité des Mexicains, il s'agira donc officiellement d'une opération militaire concertée entre nos deux armées dans la zone frontière. Sans mettre en cause cette version, vous pourrez laisser entendre...

— Je connais la musique.

— Bien. Mais la dernière nouvelle est celle qui va vous intéresser le plus, car elle vous concerne. Vous serez le seul journaliste autorisé à suivre les opérations du côté américain. Vous comprenez maintenant, je suppose, pourquoi la première version de votre papier était vraiment malvenue...

XXIV
VIVA ZAPATA !

Extrait du New York Times

LE CORPS EXPÉDITIONNAIRE QUITTE LE MEXIQUE
par Bobby Willeford

Hier, au moment même où les États-Unis déclaraient la guerre à l'Allemagne, le dernier soldat américain quittait le sol mexicain tandis que le général Pershing s'embarquait pour l'Europe.

Ce départ met fin à une opération qui a commencé voici près d'un an, le 16 mars 1916, et dont les résultats sont aujourd'hui fortement controversés. En dépit du courage de nos boys, de l'habileté de leur chef, de son armement ultra-moderne, notre corps expéditionnaire, s'il a mené la vie dure aux bandes de Villa, n'est pas parvenu à s'emparer du fameux bandit, qui demeure aujourd'hui encore introuvable. Probablement se cache-t-il dans quelque repaire inaccessible de la sierra ou de la Barranca del Cobre...

Si le gouvernement de Mexico et les chefs de son armée ont manifesté leur compréhension et leur bonne volonté, la coopération des militaires mexicains sur le terrain a été inégale.

L'intervention du général Pershing a en effet été ressentie par une partie de la population et même de ses élites comme une atteinte à la souveraineté nationale et ces réticences ont largement contribué à rendre difficile la capture de Villa. Celui-ci n'a pas hésité à jouer sur la susceptibilité ombrageuse de ses compatriotes en lançant toutes sortes d'« appels patriotiques » à la guerre contre ceux qu'on nomme toujours, de l'autre côté du río Grande, les « gringos ».
Les méthodes employées pour tenter d'obtenir des renseignements sur le lieu où se cachaient Villa et sa bande, méthodes certes inévitables face à un ennemi qui ne combat pas à visage découvert, ont contribué à susciter un sentiment d'hostilité à l'égard de nos boys *et à tisser un réseau de complicité autour de Villa. À plusieurs reprises, on a annoncé que Villa avait été tué ou blessé au cours de tel ou tel accrochage, mais chaque fois ces informations publiées prématurément se sont révélées sans fondement et n'ont fait qu'accroître la réputation d'invulnérabilité du personnage auprès des naïfs paysans mexicains qui voient en lui, en dépit de sa cruauté notoire et de son absence de scrupules, une sorte de Robin des Bois.*
Quoi qu'il en soit, cet épisode de l'histoire des relations entre les États-Unis et le Mexique est aujourd'hui terminé. À l'heure où les combats font rage en Europe et où les troupes américaines s'apprêtent à intervenir en France, il n'était plus possible de conserver des effectifs militaires sur le territoire mexicain.
Le général Pershing, qui va désormais faire face à un ennemi très différent, peut cependant avoir un motif de satisfaction. Si Pancho Villa n'a pas été capturé par ses hommes, il est désormais réduit à la situation de bandit de grand chemin, traqué par les forces de l'ordre, situation qui était la sienne au début de sa carrière. Il n'a plus guère de chance, en dépit de la popularité douteuse dont il bénéficie encore ici ou là dans les campagnes du nord du Mexique, de jouer un rôle significatif dans la vie de ce pays.

Viva Zapata !

Extrait du Nacional de Mexico
Le 11 avril 1919

EMILIANO ZAPATA ABATTU
PAR LES FORCES DE L'ORDRE

Selon des informations de source militaire, le chef des bandes qui écument l'État du Guerrero, le fameux Emiliano Zapata, surnommé « l'Attila du Sud » a été abattu par les hommes du général Pablo González, qui a reçu pour mission de rétablir la paix civile dans cette région. Les conditions de la mort du hors-la-loi n'ont pas encore été divulguées...
[...] Après l'élimination de Zapata — si toutefois elle est confirmée —, Pancho Villa reste donc aujourd'hui le seul chef rebelle d'envergure à présenter quelque danger, en dépit de son isolement et de la désagrégation de l'essentiel des troupes qui le suivaient. Au sein du gouvernement, des voix s'élèvent pour exiger une action énergique à l'encontre de Villa, mais d'autres plaident pour un compromis qui permettrait à l'ex-chef de la division du Nord de renoncer à ses exactions en sauvant la face et d'épargner ainsi des biens et des vies humaines [...].

XXV
RETOUR
À LA TERRE

Le général Ignacio Enríquez, gouverneur de Chihuahua, lève les bras et sourit aux deux *muchachos* hirsutes et couverts de cartouchières qui viennent de surgir devant lui.

— Voyez, *señores*, je suis venu seul et sans armes. Conduisez-moi à votre chef !

Les guérilleros font descendre le général de son cheval, fouillent ses sacoches.

— Comment être sûrs qu'il ne s'agit pas d'un piège ?

— Ce serait un piège qui me coûterait la vie : vous pouvez m'abattre facilement...

Le général accepte qu'on lui bande les yeux. Il remonte sur son cheval et, encadré par ses deux redoutables guides, s'engage sur le chemin de la sierra. Villa l'attend assis sur le sol, à l'entrée de la grotte où il se cache maintenant depuis des semaines, son revolver à la ceinture et sa Winchester posée devant lui. C'est au fond de cette même grotte qu'il a échappé aux hommes de Pershing un an plus tôt.

Blessé, souffrant de la faim et du froid, dissimulé dans une anfractuosité, il entendait les *gringos* se héler en anglais. Plusieurs *boys* sont passés à portée de son Colt, sans se savoir si proches de la prime de cinquante mille dollars promise pour sa tête.

Villa est fatigué, amer. La plupart de ses amis l'ont abandonné et beaucoup de ceux qui lui sont restés fidèles sont morts. Capturé par hasard par une patrouille, le général Felipe Ángeles, qui s'était réfugié lui aussi dans une grotte, a été hâtivement jugé et fusillé. Le chef de l'artillerie de la division du Nord, l'artisan de brillantes victoires, s'est conduit dignement face à ses juges. Ses discours contre les *terratenientes*, les exploiteurs et les *gringos* ont provoqué les applaudissements des habitants de Chihuahua qui assistaient au procès.

Il reste une seule satisfaction à Villa : son ennemi Venustiano Carranza a succombé avant lui. Le chef suprême a eu moins de chance que Díaz et Huerta : on l'a assassiné sur la route de Veracruz où l'attendait le bateau de l'exil. Le général Alvaro Obregón a pris sa place...

Cruelle ironie du sort, Villa en est réduit à offrir du thé froid dans une vieille bouteille Thermos cabossée à l'homme qui occupe le poste de gouverneur militaire de Chihuahua, la ville qui lui est la plus chère et sur laquelle il a lui-même régné.

— C'est une mission officielle ou une initiative personnelle ?

— Le président de la République, le général Alvaro Obregón en personne est au courant, souffle Enríquez.

— Il est inutile d'essayer de m'acheter, précise Villa d'entrée de jeu. Voici trois semaines, les propriétaires de mines d'or m'ont proposé un million de pesos pour quitter le Mexique. J'ai fait fusiller leurs émissaires. J'en ferai autant avec vous si vous cherchez à me tromper !

— Il ne s'agit ni de vous acheter ni de vous demander votre capitulation, mais de conclure avec vous un traité de paix en bonne et due forme.

— Obregón serait prêt à le signer ?

— Sans aucun doute.

— Si nous rendons les armes, quelles garanties avons-nous que les soldats ne nous tireront pas comme des perdreaux ?

— Le gouvernement a lui aussi des raisons de se méfier de vous. Si vous considérez que cette guerre fratricide peut se terminer, nous trouverons des garanties réciproques et les moyens de les formuler.

— Très bien, je vais consulter mes hommes. Il est clair que eux aussi ont leur mot à dire.

Extrait du New York Times
Le 8 septembre 1920

QUAND UN GUÉRILLERO DEVIENT PROPRIÉTAIRE TERRIEN

Reportage exclusif de notre envoyé spécial, Bobby Willeford

C'est un Pancho Villa très détendu, souriant, très différent du moins en apparence de l'homme qui a fait trembler le nord du Mexique pendant dix ans que j'ai rencontré dans son hacienda de Canutillo. Cette propriété s'étend sur plusieurs centaines d'hectares à proximité de la ville de Parral, dans l'État du Durango, État natal de Villa qui fut aussi le théâtre de sanglants combats.

Celui qu'on surnommait la « terreur de Chihuahua » a entrepris avec ses hommes de faire de cette propriété une sorte de phalanstère dont il est le patriarche. Villa a commencé à reconstruire les bâtiments en ruine, l'église, installer une centrale électrique, bâtir une école. Il met la main à tout, participe aux travaux agricoles, prend soin des bêtes...

Aux termes de l'accord signé le 28 janvier 1920 avec les représentants du gouvernement mexicain, l'ex-général de l'armée du Nord est autorisé à conserver avec lui une garde de cinquante hommes armés, les célèbres dorados, *les autres membres des débris de son armée ayant été intégrés avec leur grade dans divers corps de l'armée mexicaine. Ces gardes du corps ne le lâchent pas d'une semelle dès qu'il quitte l'hacienda et tout visiteur qui se présente doit se soumettre, comme je l'ai fait moi-même, à une fouille en règle.*

Quand Villa m'a reçu, il s'employait à dicter ses Mémoires à un secrétaire dans un bureau aux murs blanchis à la chaux, comme toutes les autres pièces de la propriété. Il a poursuivi un moment cet exercice en ma présence et il m'a semblé que sa préoccupation première était de se justifier de diverses actions dont la postérité pourrait l'accuser. Il a ainsi tenu à expliquer devant moi les conditions de l'exécution sommaire de plusieurs dizaines de commerçants chinois qui avaient soutenu financièrement les troupes de Huerta, et celle d'une centaine de soldateras *soupçonnées de préparer son assassinat...*

Il ne m'appartient pas de juger les actes de Pancho Villa, mais le nouvel hacendado *m'a paru être un autre homme, du moins n'ai-je reconnu ni le bandit ni le général révolutionnaire ivre de sang dont j'ai eu l'occasion de tracer à plusieurs reprises le portrait à nos lecteurs. En compagnie de sa jeune et récente épouse, Austreberta Renteria, et de ses six fils, Pancho Villa, qui manifeste désormais une certaine élégance vestimentaire, avait davantage l'apparence d'un propriétaire terrien prospère que d'un farouche hors-la-loi. En dépit de ces transformations spectaculaires, Villa conserve une certaine rancœur à l'égard des journalistes. « Vous autres, tout ce que vous savez faire, c'est écrire des mensonges », m'a-t-il déclaré d'emblée. Paradoxalement, c'est avec bienveillance qu'il m'a accueilli à Canutillo et de bonne grâce qu'il a répondu à mes questions.*

Lorsque je lui ai demandé : « Envisagez-vous de vous présenter aux élections ? », un sourire narquois est passé sur son visage qui s'est rempli depuis qu'il a quitté son repaire de la sierra. « Je laisse la politique aux politiciens parfumés, tandis que nous autres, les gens ordinaires, nous semons le maïs, nous cultivons les légumes, nous construisons des écoles et des routes pour nos fils... »

Malgré ses dénégations, on notera que Villa continue peut-être à jouer très discrètement un certain rôle politique. Les visiteurs sont nombreux à Canutillo et pas seulement les journalistes. On assiste à un défilé régulier de politiciens, de militaires, d'anciens compagnons d'armes, et même de riches notables de la région et de voyageurs venus de nombreux pays étrangers. Parmi eux, des adeptes de diverses sectes religieuses et politiques, notamment socialistes et bolcheviks, désireux de convertir à leurs théories un personnage aussi célèbre.

Quoi qu'il en soit, on ne peut que se réjouir que soient définitivement tournées ces pages sanglantes et que l'épopée épique de Pancho Villa, qu'il appartient désormais à l'Histoire de juger, trouve une fin aussi pacifique.

XXVI
ATTENTAT À PARRAL

Sept heures du matin. Le ciel est bien dégagé et le soleil éclaire déjà d'une lumière vive les rues désertes de Parral lorsqu'une Dodge immatriculée dans le Chihuahua et transportant cinq passagers pénètre dans la ville par l'avenue Juárez à vitesse modérée. La voiture ralentit encore pour emprunter la calle Gabino Barreda. À la hauteur de l'hôtel Neptuno, un marchand ambulant vend des sucreries, un vieil homme du nom de Juan López que connaissent tous les habitants du quartier.

Juan López agite la main et crie « Viva Villa ! »

Mais en même temps, il tire plus discrètement un chiffon rouge du panier qu'il porte en bandoulière...

C'est le signal.

Neuf hommes armés de Winchester et de Colt 45 sont placés en embuscade derrière les fenêtres et les portes d'une maison inoccupée de la calle Gabino Barreda. Ils dirigent un feu nourri sur la Dodge, dont le pare-brise explose. L'homme qui se tient debout sur le marchepied aux côtés du conducteur roule dans la poussière. Le chauffeur lâche son volant, la voiture dérape et vient s'écraser contre un arbre. Les agresseurs sortent de leurs cachettes et s'avancent vers la voiture en tirant avec leurs revolvers. Deux passagers tentent de s'échapper et sont aussitôt pris sous un tir croisé. Ils s'effondrent. Les assaillants avancent encore et achèvent leurs victimes à bout portant, puis, calmement, retournent dans la maison où ils ont tendu leur embuscade. Des chevaux les attendent dans le patio...

La rue reste encore déserte quelques instants, nul n'osant s'y aventurer, puis, après avoir vu les assassins s'éloigner au galop, quelques voisins sortent prudemment. Un jeune garçon s'approche jusqu'à dévisager le visage du chauffeur dont le corps pend hors de la Dodge.

— Ils ont tué Pancho Villa !

XXVII
QUI A TUÉ PANCHO VILLA ?

Extrait du New York Times
Le 12 août 1923.
De notre correspondant, Bobby Willeford

UN DÉPUTÉ MEXICAIN S'ACCUSE DU MEURTRE DE PANCHO VILLA

Le 9 août dernier, une lettre publiée dans le quotidien mexicain Excelsior *a fait sensation. Le député de Durango, Jesús Salas Barraza, s'y accuse en effet d'être l'instigateur de l'assassinat de Pancho Villa perpétré par des hommes de main, le 19 juillet 1923. Le député en question déclare avoir envoyé une lettre au président de la République Alvaro Obregón, lequel l'aurait, selon nos informations, transmise au procureur de Chihuahua...*
« J'ai recruté neuf hommes prêts à tout, affirme Jesús Salas. Nous sommes satisfaits du résultat : la mort de la hyène. Si c'était à refaire, je recommencerais sans hésiter. »
Ancien officier de l'armée du général Obregón, Jesús Salas a combattu Villa et a été blessé au cours d'un des affrontements qui l'ont opposé à l'ancien général de la division du Nord.
Certains observateurs mettent cependant ces singuliers aveux en doute et se demandent s'ils n'auraient pas pour

objectif de dissimuler les véritables responsables de l'exécution de Villa, qui pourraient occuper des fonctions plus importantes que celles du député de Durango.

*Extrait de l'*Excelsior
Le 15 avril 1924

LIBÉRATION DE JESÚS SALAS BARRAZA

Jesús Salas Barraza, qui avait été condamné à vingt ans de prison pour le meurtre de Pancho Villa et de ses quatre compagnons a quitté hier la prison. Bénéficiant d'une mesure de grâce présidentielle, le député de Durango n'aura donc passé que huit mois en détention [...].

*Extrait de l'*Excelsior
Le 22 janvier 1951

RÉVÉLATIONS SUR L'ASSASSINAT DE PANCHO VILLA

Un ancien général villiste, Tito Ferre déclare :
« Contrairement à ses affirmations, ce n'est pas Jesús Salas Barraza qui a tué Pancho Villa mais un groupe de soldats de l'armée fédérale envoyé à Parral par des hauts fonctionnaires du gouvernement de l'époque. Salas Barraza ne fut que leur instrument pour dissimuler leur crime. Il se prêta à cette opération en échange de promesses d'impunité, qui ont été tenues, et de bénéfices personnels. »
Jesús Salas Barraza, que nous avons pu joindre par téléphone dans l'État de Durango où il vit paisiblement sur ses terres, a pourtant confirmé être l'organisateur de l'attentat et s'est refusé à tout autre commentaire.

EN GUISE D'ÉPILOGUE

La Dodge noire criblée de balles dans laquelle Pancho Villa trouva la mort est exposée aujourd'hui dans un musée de Chihuahua[8], où le visiteur peut voir les Winchester, les Colt, les Mauser, les mitrailleuses Hotchkiss et les canons de 75 sans recul utilisés par la division du Nord, de même que le matériel de transfusion et de chirurgie qui faisait des wagons sanitaires de ses trains les plus modernes de l'époque. On remarque aussi une photo de Jesús Salas Barraza datant des années cinquante : coiffé d'un Stetson blanc à larges bords, l'assassin officiel de Villa, qui est depuis mort dans son lit, pose fièrement devant une grosse Chevrolet blanche, symbole de sa réussite...

Ce musée est gardé par un détachement militaire aussi fringant que l'étaient les fédéraux qui affrontaient le « centaure du Nord ». Seul un vieux gardien, qui a combattu dans les rangs des partisans de Villa, peut encore vous raconter quelques anecdotes sur cette époque troublée. Les gouvernements qui se sont succédé au Mexique, et dont les membres appartiennent depuis un demi-siècle au Parti révolutionnaire institutionnel (tout un programme !), ont toujours soigneusement entretenu ce musée. Les révolutionnaires sont souvent plus appréciés morts que vifs...

Ce que nous pouvons imaginer des dernières années de sa vie au travers du décorum de cette immense maison où il a vécu donne toutefois le sentiment que cette existence de révolutionnaire en retraite n'avait plus grand-chose de commun avec celle du misérable *peón* pourchassé dans la sierra par les féroces *rurales* ; ou celle de l'implacable chef de la division du Nord. Peut-être s'était-il en fin de compte assagi et ne présentait-il plus guère de danger pour les *terratenientes* et les patrons de mines d'or et d'argent ; mais ceux qui ont organisé son exécution ne voyaient sans doute pas les choses de cette façon. Peut-être ont-ils obéi à la soif de vengeance engendrée par des années de massacres fratricides...

La ville de Chihuahua est maintenant une cité prospère aux artères rectilignes, très américanisée, où les habitants ressemblent davantage à ceux du Nouveau Mexique et du Texas qu'aux Indiens nahuas du Guerrero qui, pour certains, vivent toujours comme ils vivaient à l'époque de Villa et Zapata. En dehors de ce musée aseptisé, on chercherait en vain le souvenir de l'éphémère pouvoir que Villa a exercé sur Chihuahua. Quant au train qui relie Chihuahua à Los Mochis, sur cette voie de chemin de fer qui fut le théâtre de tant d'affrontements sanglants et dont la seule construction a coûté la vie à des centaines de *peones*, il offre maintenant aux voyageurs le confort de wagons à air conditionné et fenêtres panoramiques d'où ils peuvent contempler les paysages fantastiques de la Barranca del Cobre en prenant leur déjeuner. Et si des milliers et des milliers de *peones* abandonnent leurs villages pour monter vers le nord, ce n'est pas pour rejoindre une armée révolutionnaire mais pour franchir clandestinement la frontière et tenter de vendre leurs bras aux *gringos*...

Pancho Villa et Emiliano Zapata ne seraient-ils plus aujourd'hui que des mythes un peu poussiéreux, tout juste bons à fournir des sujets de thèse aux historiens spécialisés et alimenter l'imagination des scénaristes d'Hollywood ? Leur combat, s'il n'a pas fait disparaître les *terratenientes* du Mexique, a pourtant abouti, dix ans après leur disparition de la scène politique, sous la présidence de Lazaro Cardénas, après encore beaucoup de péripéties sanglantes, à une réforme agraire unique dans le monde latino-américain (si on laisse de côté la révolution cubaine), symbolisé par l'*ejido*, lopin de terre inaliénable, qui ne peut être ni vendu ni saisi, distribué à des millions de paysans. L'*ejido* est aujourd'hui l'objet d'un affrontement âpre entre une partie de la paysannerie mexicaine et le pouvoir politique qui entend l'abolir pour introduire le libéralisme économique dans les campagnes. Beaucoup de paysans y sont farouchement attachés et, sur les murs de villages indiens, on peut lire, écrits en lettres gigantesques, des avertissements tels que : « Si vous touchez à l'*ejido*, nous prendrons les armes ! »

En août 1992, par une après-midi ensoleillée, alors que je flânais dans les rues de Morelia, capitale de l'État du Michoacan, des cris retentissent soudain. Des milliers d'hommes et de femmes envahissent la place du palais du gouverneur. Coiffés de larges sombreros et de châles bariolés, le poncho sur l'épaule, chaussés de sandales de cuir, ils semblent tout droit sortis de *Viva Zapata*, le film d'Élia Kazan. La colère monte. La foule, qui ne porte ni pancarte, ni banderole, se masse autour du palais que protègent des policiers dont l'équipement et l'allure sont, en revanche, tout à fait contemporains. Ces manifestants sont de petits épargnants victimes d'une escroquerie bancaire, des paysans pauvres pour la plupart. Un homme se détache des rangs, escalade une grille du palais, grimpe sur un balcon, brandit un mégaphone et harangue la foule.

— Compañeros, nous sommes ici sur le boulevard Francisco-Madero. S'ils ne nous rendent pas notre dû, nous prendrons les armes, nous suivrons le chemin de Zapata et Villa ! hurle-t-il.

— *Manolo, amigo, el pueblo es contigo*[9] ! répond la foule d'une seule voix.

On sent qu'il n'en faudrait pas beaucoup pour que ces hommes et ces femmes en colère fassent subir aux banquiers qui les ont dépouillés le sort que Villa infligea à Luis Terrazas, l'homme le plus riche de Chihuahua, contraint de dégorger son or pour sauver sa peau. Soixante-dix ans après la mort de Pancho Villa, son nom fait encore vibrer les cœurs des *peones* et trembler les possédants.

NOTE DE L'AUTEUR

Dans les différents récits de la vie de Pancho Villa, les mêmes anecdotes sont souvent présentées sous des versions sensiblement divergentes. Ainsi, les dix-huit citoyens américains exécutés par Villa le 10 janvier 1916 sur le ballast de la voie de chemin de fer de Chihuahua sont présentés comme de modestes employés dans certains ouvrages et deviennent des propriétaires et directeurs de mines dans d'autres...

Les récits des divers témoins se contredisent fréquemment et certains épisodes de la vie de Villa, ses années de banditisme par exemple, sont mal connus. De plus, la révolution mexicaine et la carrière de Pancho Villa comptent d'innombrables rebondissements qui exigeraient, pour être développés, une place beaucoup plus importante. L'auteur, s'il s'est efforcé de respecter la vérité historique, ne prétend donc en aucune façon avoir fait œuvre d'historien.

Tous les protagonistes de cette sanglante épopée que le lecteur a rencontrés ici ont cependant connu une existence réelle, à l'exception de quelques personnages secondaires, tel le journaliste américain Bobby Willeford, inventé par l'auteur en même temps que ses articles, imaginaires mais conformes à la vérité historique et à l'esprit de la presse américaine de l'époque. Passé à la postérité, son confrère John Reed est bien entendu une figure authentique et nous lui avons emprunté quelques fragments de ses passionnants reportages pour le *Metropolitain Magazine*. Quant aux surprenants dialogues qu'on s'attendrait à entendre dans un western de série B, ils semblent avoir été effectivement prononcés par Villa et ses interlocuteurs, du moins à en croire les documents disponibles, mais peut-être ceux qui les ont rapportés les ont-ils un peu retouchés. Il est vrai que, lorsqu'on se penche sur la vie d'un personnage aussi fascinant que Villa, on ne peut s'empêcher de constater que la réalité dépasse une fois de plus la fiction.

Gérard Delteil
octobre 1993

NOTES

1. Gardes ruraux au service des propriétaires terriens.
2. Propriétaires terriens.
3. Apôtre.
4. Licencié, diplômé.
5. Corps d'élite de la cavallerie villiste.
6. La maison des ouvriers du monde.
7. Au Nouveau-Mexique. Ne pas confondre avec la ville de Columbus située en Georgie, en dessous d'Atlanta.
8. C'est dans ce musée que j'ai appris le massacre de plusieurs centaines de membres de la communauté chinoise, accusés d'avoir soutenu Huerta, dans une petite ville prise par les troupes de Villa, événement auquel il n'est fait allusion dans aucun des livres cités ici...
9. Manolo, ami, le peuple est avec toi.

BIBLIOGRAPHIE

Les ouvrages en langue française et disponibles sont très peu nombreux.

REED JOHN, *Le Mexique insurgé*, Maspéro, 1979.

Reportages sur la révolution mexicaine par l'auteur de *Dix Jours qui ébranlèrent le monde*. John Reed a rencontré non seulement Pancho Villa, mais Tomás Urbina, Rodolfo Fierro, Felipe Ángeles, Venustiano Carranza, futur président de la république du Mexique. Le récit de la sanglante bataille de Torreón compte parmi les points forts de ce livre passionnant. Un ouvrage indispensable à ceux qui s'intéressent à cette période de l'histoire. Dans sa biographie consacrée à John Reed «Points, Le Seuil, 1982», Robert Rosenstone consacre un chapitre au Mexique, sans apporter d'informations supplémentaires.

GUZMAN MARTIN LUIS, *L'Aigle et le Serpent*, Gallimard, 1967.

Roman historique dont l'auteur est le fils d'un colonel tué en affrontant les madéristes. C'est notamment dans ce livre qu'est rapportée le massacre des *colorados* par Rodolfo Fierro.

LANSFORD WILLIAM DOUGLAS, *Pancho Villa*, Stock, 1965.

Traduit de l'anglais. Récit historique très détaillé et agréable à lire, peu favorable à Villa.

CAMP JEAN, *En selle avec Pancho Villa*, Amiot-Dumont, 1952.

SIVA HERSOG JÉSUS, *La Révolution mexicaine*, Maspéro.

Livre historique écrit par un partisan de Carranza et Obregón, hostile à Pancho Villa après la rupture de celui-ci avec le mouvement constitutionnaliste, et favorable au soutien accordé à Carranza par les dirigeants de la *Casa de los obreros del mundo*, lesquels devaient constituer les « bataillons rouges » chargés de combattre les troupes de Villa.

OUDIN BERNARD, *Villa, Zapata et le Mexique en feu*, Découvertes/Gallimard, 1989.

Court ouvrage historique sur l'histoire du Mexique, de la guerre d'Indépendance à la présidence de Lazaro Cardénas. Richement illustré comme tous les livres de cette collection.

À noter : un auteur espagnol vivant au Mexique, Paco Ignacio Taibo II, commence son roman policier *À quatre mains* (Rivages Noirs) par l'assassinat de Pancho Villa et l'un des héros d'un autre de ses romans, *L'Ombre de l'ombre*, est un ancien cavalier de la division du Nord. Signalons aussi *Meurtre à Ciudad Juárez* de Léo Malet (Robert Laffont, 1989), la chanson de Serge Gainsbourg «*Viva Villa* », ainsi que l'existence, dans le XXe arrondissement de Paris, d'un restaurant à l'enseigne *Viva Villa*, et d'un autre, dans le Ve, du nom de *Viva Zapata*.

Ouvrages en langue espagnole

Ces ouvrages sont bien entendu beaucoup plus nombreux, mais très difficiles à trouver en France en dehors de certaines bibliothèques. Nous ne citons ici que ceux utilisés par l'auteur.

PERE FOIX, *Pancho Villa*, éditions Trillas

Grande biographie devenue un classique au Mexique et rééditée douze fois depuis 1950 ! Ouvrage très complet et agréable à lire. L'auteur, très favorable à Villa, ne cherche à dissimuler ni les aspects négatifs de sa personnalité ni ses actes de cruauté inutile. On y trouve aussi de nombreux *corridos* (chansons populaires) consacrés à Villa et à la révolution mexicaine.

GARFIAS LUIS, *Verdad y leyenda de Pancho Villa*, Panorama, Mexico, 1990.

Livre beaucoup plus critique, œuvre d'un général de l'actuelle armée mexicaine.

VARGAS ARREOLA JUAN BAUTISTA, *A sangre y fuego con Pancho Villa,* Fondo de cultura economica, Mexico, 1988

L'auteur est un général de l'armée villiste, finalement intégré à la fin de sa carrière dans l'armée officielle. Il donne de plusieurs événements qu'il a vécus personnellement un point de vue sensiblement différent de celui de divers historiens. On peut toutefois penser qu'il cherche parfois à justifier tel ou tel choix militaire et a tendance à expliquer les défaites de l'armée de Villa contre Obregón par des incidents plus ou moins anecdotiques (telle l'attitude d'un clairon devant Celaya !), sans comprendre que ces défaites correspondent à un reflux de la révolution paysanne, face aux concessions accordées fort habilement par Venustiano Carranza...

GRIGULÉVICH JOSÉ, *Pancho Villa*

Traduit du russe par l'éditeur cubain Casa de las Americas. Ouvrage apologétique, écrit par un marxiste qui cherche à justifier même les abus cruels de Villa et passe sous silence les massacres commis par Rodolfo Fierro.

FILMOGRAPHIE

1912 *La Vie de Villa*, de Raoul Walsh

1931 *Que viva Mexico*, de S.M. Eisenstein
Film inachevé. L'auteur de ce livre s'est permis d'y emprunter la scène sinistre de l'exécution des *peones* enterrés jusqu'au cou.

1934 *Viva Mexico*, de E. Carrasco

1934 *Viva Villa*, de J. Conway
Wallace Berry y campe un Villa particulièrement antipathique et cruel. À noter un épisode au cours duquel il donne ses prisonniers à manger aux fourmis rouges, qui semble tout droit sorti de l'imagination du scénariste hollywoodien...

1935 *Vamos con Pancho Villa*, de F. de Fuentes

1935 *El Tesoro de Pancho Villa*, de A. Boytler

1947 *Dieu est mort*, de John Ford

1948 *Si Adelita fuera con un otro*, de C. Urutea

1949 *Pancho Villa vuelve*, de Contreras Torres

1952 *Viva Zapata!* d'Élia Kazan.
Chef d'œuvre incontesté, avec Marlon Brando en Zapata, sur un scénario de l'écrivain John Steinbeck, mais peu conforme à la vérité historique. Réalisé à l'époque du maccarthysme lorsque Kazan souhaitait se dédouaner...

1954 *El Secreto de Pancho Villa*, de R. Baledon
1954 *El Tesoro de Pancho Villa*, de R. Baledon
1956 *La tête de Pancho Villa*, de C. Urueta
Ce film évoque l'affaire de la décapitation du cadavre de Pancho Villa en 1926 par des inconnus.
1957 *Las tres Pelonas*, de R. Cardona
1957 *Asi era Pancho Villa*, de I. Rodriguez
1961 *Pancho Villa y la Valentina*, de I. Rodriguez.
1968 *Pancho Villa*, de B. Kulik
Villa est ici interprété par... Yul Brynner. Réalisation hollywoodienne particulièrement hostile à Villa et à la révolution mexicaine traitée de façon caricaturale.

Le film le plus récent est, à notre connaissance, le *Pancho Villa* de Gene Martin. Notons aussi que *Il était une fois la révolution* de Sergio Leone, sans mettre en scène Pancho Villa lui-même, brode sur la révolution mexicaine une fresque qui n'est probablement pas la plus éloignée de la réalité...

CRÉDITS ICONOGRAPHIQUES

p. 33 : Le général Pancho Villa en pleine démonstration de ses talents équestres, © Édimédia
p. 38-39 : Frères d'armes, © Édimédia
p. 60 : Gravure mexicaine d'époque, squelette portant la tenue des soldats fédéraux, D.R.
p. 93 : Pancho Villa, après son arrestation, transporté par train à la prison de Mexico, D.R.
p. 108 : La gravure entretient la légende, D.R.
p. 122 : Pancho Villa et son épouse Austreberta Renteria, D.R.
p. 128-129 : La guerre ferroviaire, D.R.
p. 143 : Billet imprimé par l'État de Chihuahua, alors sous le contrôle de Pancho Villa, D.R.
p. 157 : Partisans de Villa, D.R.
p. 160 : Villa et Zapata posent dans une salle du palais présidentiel. À la gauche de Villa est assis un de ses premiers compagnons, Tomás Urbina, D.R.
p. 171 : Gravure d'époque, « Soldatera cavalera », © Édimédia
p. 193 : Pancho Villa désormais propriétaire terrien pose avec son épouse Austreberta Renteria, D.R.
p. 209 : Affiche du film d'Élia Kazan, © Cinestar

TABLE

Le point de vue de l'imprimeur :

Impression et façonnage par

IMPRIMERIE FRANCE QUERCY CAHORS

N° d'impression : 40309 D
Dépôt légal : mars 1994